●广东省普通高校人文社科重点研究基地“粤西教师教育研究中心”资助项目
●广东省协同创新平台“粤台教师教育协同创新发展中心”资助项目
●教育部地方高校第一批本科专业综合改革试点“小学教育”资助项目
●广东省创新强校工程“地方高师院校教、研、创‘三力型’小学卓越教师培养模式的探索与实践”资助项目

学校团队成长的学习力

XUEXIAO TUANDUI CHENGZHANG DE XUEXILI

丛书主编◎罗海鸥
黄 纪 蔡美静 王林发◎著

江苏凤凰教育出版社
Phoenix Education Publishing, Ltd

图书在版编目（CIP）数据

学校团队成长的学习力 / 黄纪，蔡美静，王林发著．
—南京：江苏凤凰教育出版社，2016.7

ISBN 978-7-5499-5965-5

Ⅰ.①学…　Ⅱ.①黄… ②蔡… ③王…　Ⅲ.①小学校
长—学校管理—研究　Ⅳ.①G627.1

中国版本图书馆 CIP 数据核字（2016）第 172650 号

书　　名　学校团队成长的学习力
作　　者　黄　纪　蔡美静　王林发
责任编辑　雷利军　祁篆萍
出版发行　江苏凤凰教育出版社（南京市湖南路 1 号 A 楼　邮编 210009）
苏教网址　http：//www.1088.com.cn
照　　排　北京世纪鸿文制版技术有限公司
印　　刷　三河市九洲财鑫印刷有限公司
厂　　址　河北省三河市灵山大口
开　　本　787 毫米×1092 毫米　1/16
印　　张　11.25
字　　数　172 千字
版　　次　2017 年 6 月第 1 版　2017 年 6 月第 1 次印刷
书　　号　ISBN 978-7-5499-5965-5
定　　价　30.00 元
网店地址　http：//jsfhjycbs.tmall.com
邮购电话　025-85406265，85400774　短信　02585420909
E - mail　jsep@vip.163.com
盗版举报　025-83658579

前言

学习，学习，再学习

黄纪，廉江市名校长。他勇于进行教学改革，构建了学习型管理模式，取得了显著成绩，获得了同行和社会的高度评价。

成绩与荣誉

1993 年，黄纪被评为廉江市优秀教师。1996 年，被评为廉江市教坛新秀，并成为全省教坛新秀之一。2008 年，由于学习型管理工作出色，晋升为廉江市第十三小学校长。2011 年，由于党务工作出色，被评为廉江市优秀党务工作者。2012 年，调任为廉江市第三小学校长。2013 年，获廉江市“教书育人先进教育工作者”称号。2014 年，获廉江市“优秀辅导员”称号。

黄纪积极建设学习型组织，旨在打造学习型团队，创设学习型校园，构建学习型文化。通过不断学习、不断研究、不断拓展，他所倡导的学习型组织建设取得了显著成绩，他多次被评为省、市优秀教育工作者。黄纪的学习型管理在业界颇有影响，他多次应邀进行经验交流，其中，“教育管理之我见”系列讲座深受广大教育工作者的好评。

抱负与奋斗

1991 年，黄纪大学毕业后来到一所乡村小学任教，这里的条件艰苦，待遇低下，每天还要承担大量的工作。面对这一切，黄纪并不觉得上天待他不公，更没有抱怨，他有的，只是对教育的激情与梦想。没有人知道这位年轻人的激情从哪里来，也没有人知道这位小伙子对教育抱着怎样的梦想，除了黄纪自己。

黄纪出身农村，在他的印象中，他的奶奶总是抱着幼小的他坐在门口的藤椅上唠叨："我们家世世代代都是农民，要出息，就靠你啦！奶奶希望你当一名教师，能教给更多的人知识。"奶奶的希冀，后来成为黄纪学习的动力。每当学习累了，只要想起奶奶的期望，他就充满了力量。高考那年，从考场出来，黄纪哭了，他觉得自己考砸了，肯定考不上师范学校，当不了教师了。奶奶见状，便安慰他说："失败一次不算什么，奶奶支持你复读。你只要好好学习，一定能考上师范大学!"听完奶奶的话，黄纪的心情平复了许多。当他收拾好行李和学习资料准备复读时，却得到了一个出乎意料的消息：他被师范学校录取了！那个晚上，黄纪再次落泪，为自己的努力和幸运而落泪，为自己的教师梦踏出了第一步而落泪。

大学期间，黄纪的表现非常出色，毕业时，学校领导请他留校当辅导员，但是他委婉谢绝了——只是为了那个梦想。其实说到黄纪的教师梦，有一个人对他的影响是至深的。

由于家庭困难，黄纪在 8 岁的时候才被父母送去学校。黄纪的基础较差，学习成绩老是上不去，幸运的是，他遇上了一位好老师——李老师。李老师的形象至今仍深深地刻在他的脑海里：总是带着一副圆框眼镜，穿着很朴素，举止温文尔雅，说话慢条斯理。李老师没有嫌弃黄纪，反而很喜欢他，经常找他谈话。在放假期间，李老师除了帮助黄纪补习功课，还与他踢足球，与他分享生活中的乐趣，帮他解决生活中的困惑……这些美好在黄纪幼小的心里种下了一颗教师的种子，许下了做个教师的愿望。年少的黄纪，经常幻想自己当上了教师，站在讲台上口若悬河、手舞足蹈。

黄纪最终决定到一所乡村小学任教，他的梦想实现了第一步。但是，梦想与现实总是有差距的，除了初为人师的喜悦，他也有不少烦恼。

在大学的时候，黄纪对于做教师早已有过种种想象——课堂上与学生一起学习，一起探讨；面对着一双双求知的眼睛，运用哪种教学方法，使用哪种语调，采取哪种教态……但是，当他以一名教师的身份出现时，现实让黄纪意识到，自己把事情想得太完美了。黄纪所在学校的学生大多是留守儿童，生活和学习习惯很不好。常常是黄纪精心备好课，在讲台上讲得兴致勃勃，而学生在讲台下嬉戏玩耍，根本不听他的课，这时，黄纪的心里别提有多失落了。在失落的同时，黄纪也开始重新审视自己，决定勇敢面对现实中的不如意，坚强地走下去。怎么办？学习！

黄纪首先向有经验的老教师请教。每当遇到问题，黄纪就请教有经验的教师，并做好笔记。由于黄纪虚心好学，很多有经验的教师都乐意指点他。其次，黄纪进一步研读有关班级管理及教育艺术的书籍，理论结合实践，他慢慢摸索出一套属于自己的教育方法。为了做好教育工作，黄纪做了以下努力。

在德育方面，他努力做到“四心”，即交心、关心、耐心和细心；“四字诀”，即实、勤、活和信 。同时，在班级管理中实行“以法治班”“量化管理”，重视学生干部的作用，充分发挥学生的自主性，让学生人人有事做，人人都是班级的主人。

在教学方面，他每天起早贪黑，试图摸索出一种学生容易接受且感兴趣的教学模式。“功夫不负有心人。”几年后，黄纪执教班级的学生的语文成绩合格率为 95％，优秀率为 47％，平均分为 83 分，居全县第一名；他执教的班级由全校最差变成全校最好，并获得学校“先进班集体”称号。这一成功，使黄纪第一次体验到了当教师的幸福。学生的进步使他欣喜若狂，这种快乐是没有任何事情可以比拟的。

在教研方面，他积极参加各项教学比赛。当别人都安于现状时，黄纪却充满斗志，活跃于各种公开课的场合中，不断学习，不断磨砺，最终如愿成为廉江市教坛的一颗新星，于 1993 年荣获廉江市优秀教师称号，1996 年荣获省教坛新秀称号。

事实证明，上天总会眷顾那些勤奋学习的人，刻苦的学习、出色的表现，让黄纪获得了一个更高的发展平台。1996 年，黄纪晋升为教导处主任，这对于一个初出茅庐的青年教师而言是一次非常难得的机会。黄纪在担任教导处主任期间，系统学习了教育管理方面的知识。在学习过程中，黄纪明白了执行不是盲从，而要有自己的思考、自己的见解、自己的态度，要注意理论与实践结合，注重原则与灵活结合，强调集中与民主结合；作为中层干部，必须摆正位置，处理好上下、左右关系，科学、艺术地开展工作，高效地完成任务。这些为他之后担任校长打下了坚实的基础。

艺术的管理方式、显著的成绩，又让黄纪有了更好的发展。1999 年，黄纪晋升为副校长，主管教学工作。当时，新课程改革正准备实施，黄纪带领全校教师学习课程标准，研读典型案例，在全市率先进行课程改革。在推进课程改革期间，难免会遇到一些问题，如有的教师不愿参加，甚至产生抵触心理，黄纪凭借自己独有的管理艺术，成功地化解了一个又一个矛盾。他是怎样做的？以身作则，积极参与，积极带动。黄纪任教学校四年级至六年级语文科的循环教学，一周授课时数 6 节，每学年承担校级公开课 2 节以上，其中《北京的春天》《卖火柴的小女孩》《桂林山水》《将相和》《为人民服务》等课文的教学设计，深受大家好评，并多次荣获市教学大赛一等奖。黄纪能取得这样的好成绩，完全得益于他的不断学习、不断创新。

一分耕耘，一分收获。2008 年，黄纪晋升为校长，成为全市为数不多的年轻校长之一。2012 年，黄纪调任为廉江市第三小学校长，担负起攻坚克难的重任。此时，黄纪的学习步伐更加紧促，他除了日常学习，还积极参加各种培训。从 2010 年开始，他先后在岭南师范大学、华南师范大学、北京师范大学等高等学府参加培训，通过培训，他的教育管理理论日趋厚实，教育实践更加丰富。此时，他坚定了自己的管理方向，要成为一名学习型校长，对学校进行学习型的管理。

黄纪认为，科研也是一种学习。他先后主持了“小组互助学习的实践与研究”“教育教学科研团队的建设策略研究”“新课改小学语文‘三则’‘三式’‘五探’高效课堂教学的实验研究”等课题的研究，并取得了显著成绩。他的《如何让学生成为语文学习的主人》《自主互助学习型小学语文课堂模式探索》等论文均发表于核心期刊，另外，有10多篇论文在省级报刊上发表。

成长与反思

黄纪的成功，向我们展示了一个教师的成长之路。从乡村学校起步，黄纪先后任科组长，教导处副主任、主任，副校长，校长，在不断的学习中获得了长足的进步，具备了较强的管理能力。

通过不断的学习，黄纪不仅提高了把握大局洞察细微、措施得力的运筹帷幄的能力，同时也丰富了管理理论、夯实了专业基础，从而使他的教育管理获得了卓著成绩。

一路走来，黄纪收获了许多鲜花和掌声。他得到业界认可的秘诀是什么？秘诀在于他不仅有一腔教育热情，更有学习型智慧。从黄纪的成长过程中，我们可以很清晰地看到他一直走在一条学习之路上，无论他身处何地，位于何种职位，都离不开“学习”二字，是学习造就了黄纪。

黄纪坚持终身学习的观念——坚持读书，坚持反思，坚持总结，在学习、运用、再学习、再运用中不断提升管理水平。如今，在黄纪的学习型管理下，廉江市第三小学发生了翻天覆地的变化。在以前，人们一提起廉江市第三小学，总露出不屑；但现在，人们一谈起廉江市第三小学，无不肃然起敬——可以说，这是学习对黄纪最好的回馈。

教育，是黄纪的终身事业。他热情地追逐着教育，也用心地钻研着管理——即便前路布满荆棘，他也怀着学习的心态一路前行，谱写着一曲美妙动人的教育诗篇。

目　录

第一章

万丈高楼从“学”起

俗话说：机会总是留给有准备的人。充分的准备对于取得成功至关重要。但是，这个准备要从哪里开始呢？很简单，万丈高楼从“学”起。所有事业的开端都必须以学习为基础，想要让事业之“楼”起得扎实，也必须从学习开始。学好知识，打好基础，才有机会建起属于自己的“万丈高楼”。

那么，学习有规律可循吗？提高学习力有诀窍吗？当开始为事业高楼打基础的时候，我们该如何掌握学习力呢？在这方面，黄纪有哪些高明之处？我们从中又能获得什么启发呢？

首先请大家听一则故事。

多年前，有一个很好动的孩子，他喜欢不停地说话，因此被认为是学习有障碍，进而被送去当地一个专门为学习有障碍的学生开设的特教班学习。高中毕业后，他成了一名环卫工人。但是，他心中一直有个梦想——成为一名电台的音乐节目主持人。

为了实现梦想，他每天晚上都抱着他的手机专心致志地听电台主持人谈音乐，认真学习别人是如何做主持人的。他还按照自己的想象“创建”了一个假想电台，他用一把梳子做麦克风，喋喋不休地向想象中的听众介绍唱片……就是在这样的环境中，他不断地努力练习着。

终于有一天，他鼓起勇气来到当地的电台。意料之中，这位头戴草帽、衣衫不整的年轻人被拒之门外了。但是他并未放弃，在接下来的那个星期里，他每天都会去找台长，毛遂自荐。台长迫于无奈，最后同意雇佣他在台里打杂，但是没有薪水。他的工作，就是为那些不能离开播音室的工作人员买咖啡或者早餐、中餐、晚餐。

他非常珍惜这来之不易的机会，他开始进行“感情投资”。在电台里，无论谁让他做什么，他都会很愉快地接受，甚至做得更多。他做完自己该做的事情后，就悄悄地观察播音员的一举一动，并做细致的记录。一旦播音员有空闲，他就会主动与播音员交流，向播音员请教关于播音的技巧以及注意事项，并且认真地做笔记。晚上，回到自己的家，他就不断地练习。就在这样的不断学习中，他对播音越来越熟悉，有了能够进行独立播音的能力了。

一个星期天的下午，他照例来到了播音室的门外，一位名叫罗主持的电台主持人来上班了，他这一次要主持一个长达四小时的综艺广告节目。罗主持从他身边走过的时候，他看到罗主持的脚步踉踉跄跄的，还满嘴酒气，估计是喝了不少酒，看来他肯定坚持不到播音完毕。不久，罗主持果然开始语无伦次起来。正在这时，电话骤然响起，他拿起话筒，是电台台长打来的，台长着急地说：“你好！我看罗主持出了问题，你能打电话通知其他播音员，让他们代替罗主持吗?”“好的，先生，我一定会办好的。”

他放下电话，箭一样冲进直播室，迅速把罗主持移到一边，坐在了他期盼已久的旋转工作台边，激动而自信地说："各位听众，大家好！我是您忠实的音乐使者，我年轻而富有朝气，喜欢和大家一起倾听音乐，品味生活，我保证带给你们一档丰富多彩的节目，让你们开心、满意……"

这次节目大获成功。从此，他终于从幕后走向前台，成了一名真正的播音员。在不断的困难阻挠之下，他并没有放弃任何一次机会，他为他确信一定会到来的机遇而努力。他不断地学习，不断地充实自己，凭借着强大的学习力，把有关播音的知识以及技巧都掌握得很娴熟。靠着不断自学、不断努力，他所主持的节目大受欢迎，成为人们所喜爱的主持人之一。

他就是莱斯·布朗，一个被美国人所熟知的音乐节目的主持人，靠着百折不挠的勤奋和好学，他成就了他的盛名。

学习箴言：成功的要点就是一定要开始投资在学习上。

实际上，很多成功人士之所以能在生活或事业上获得成功，就是因为他们在成长过程中都比较注重学习。他们用学习打好属于自己的"地基"，从一开始，从局部到整体，做好量的积累，最终实现质的飞跃，成功建设事业的"大厦"。

在社会上，有些初中生或高中生早早就辍学出外谋生，他们认为读书无用，学习对他们意义不大。的确，他们现在拿着一份不错的薪水，生活看似很安稳，但是他们忽略了一个问题：社会是在不断发展的，社会对劳动力的要求在不断提高，他们没有相应的知识做基础，终有一天会跟不上时代潮流而被淘汰！一个没有文化，不懂得学习的人，在这个社会将生活得越来越艰难。学习力是我们立足社会的一个"筹码"。

所以，我们可以得出一个结论：无论我们身处何时何地，学习力于我们而言都至关重要。懂得学习，不仅是我们获得成功的"敲门砖"，更是让我们变得强大的"武器"。那么，我们应该怎样利用学习来打好人生的"地基"，建好属于我们自己的"大楼"呢？

策略一 意志坚定，不惧困难

所谓学习力，主要包括学习动力、学习毅力和学习能力三个要素。学习力是一个人、一个企业或一个组织学习的动力、毅力和能力的综合体现。

我们先来看一则名人故事。

诺贝尔 8 岁才上学，但只读了一年书，这是他所受过的唯一的正规学校教育。因为他 10 岁时，全家迁居到俄国的彼得堡，在俄国，由于语言不通，诺贝尔和两个哥哥都进不了当地的学校，只好在当地请了一名瑞典的家庭教师，指导他们学习俄、英、法、德等语言。诺贝尔虽然身体不好，但学习特别勤奋。他好学的态度，不仅得到了教师的赞扬，也赢得了父亲、兄长的喜爱。后来，诺贝尔来到了父亲开办的工厂当助手，在工厂里，他细心地观察、认真地思索，凡是他耳闻目睹的那些重要学问，都被他敏锐地吸收了。为了学到更多的东西，1850 年，他出国考察学习。两年的时间里，他先后去过德国、法国、意大利和美国。由于他善于观察、认真学习，知识迅速积累，很快成为一名精通多种语言的学者和科学家。回国后，在工厂的实践训练中，他又考察了许多生产流程，不仅增添了许多的实用技术，还熟悉了工厂的生产和管理。就这样，没有正式学历的诺贝尔靠刻苦、持久的自学，逐步成长为一名科学家和发明家。他一生共获得专利技术 355 项，积累了自己的巨额财富，创立的诺贝尔科学奖被科学界视为一种至高无上的荣誉。

诺贝尔一生历经无数困难和挫折，但他凭借着超强的学习力，排除万难，最终收获了鲜花和掌声。可见，拥有较强的学习力，是成功者的必备条件之一。

修炼基本功，不是一时兴起，更不可能一劳永逸，需要的是坚持学习，不断提高学习力。只有拥有学习力，才能在自己的岗位上越干越精彩。学习是人生中的重要功课，不是一次的学习或者一次的培训就能达到学习的目标，事实上，一个阶段学习的结束往往意味着另一个阶段学习的开始。所以说，无论在何时何地，坚持学习始终是工作的重中之重。也就是说，工作的成功必须伴有较强的学习力。

如果说在校园里的学习掌握的是知识，那么在工作中的实践获取的就是能力，并且这些能力能够不断提高、不断完善，这是学习力的一种体现。把学习当作适应工作要求、提升工作能力的有效途径，当作自我进步的一种手段，这是学习力的一种追求。我们还发现另外一种现象，参加工作多年之后，有些人获得了进步，取得了不斐的成绩；有些人却在原地踏步，没有改变，甚至有些人反倒退步了，这就是有无学习力之间的区别。一个人如果没有学习力，面对复杂多变的世界，是难以进步的。

学习箴言：把学习当作适应工作要求、提升工作能力的有效途径，当作自我进步的一种手段，这是学习力的一种追求。

古人云：富不学富不长，穷不学穷不尽。黄纪深深明白这个道理。

在他还没有当上校长时，就树立了自己的中期目标：要成为教学名师。但是要实现这一目标，过程必定充满了艰辛。若换作他人，可能迟疑不定，但是黄纪态度坚定，并拼尽全力实现目标。那么他是如何实现这一目标的呢？在不断的摸索之后，黄纪决定：努力学习，扎实基础，厚积薄发，一步一个脚印，不断取得进步。他坚信，通过不断的努力学习，一定能达成目标。

有了这样的想法，黄纪开始了他的学习之旅。黄纪回忆说：“我初涉教育界时，一没名气，二没资历，对于课堂教学更是缺乏个人魅力和经验。但是我决心要在这个行业上干出点名堂来，不达目的誓不罢休。于是，我每天跟着一些资历丰富的教师学习，请求别人指导我，努力提高自己的课堂教学技能。在当教师之初，我每天除了上课，其余时间都是在不断地学习，反复观摩教学视频，实地考察名师讲课，每天拖着疲惫的身躯回到宿舍，还要认真整理学习笔记，对所学到的知识与技能进行温习、反思、创新，然后在下次实践中加以运用。如此反复，不断循环，我终于获得了巨大的进步，这也为我后来的成功打好了坚实的基础。”

黄纪用他的行动，向我们证明了“一切成功从学习开始”的道理；同时，他用自己强大的学习力证明了只有不断学习、不断总结、不断反思、不断创新，才有成功的可能。果然，不出几年，黄纪在教育界崭露头角，获得了许多人的肯定。

这是黄纪发展的第一阶段，他通过不断的学习和反复的实践，获得了很大的进步，这为他踏进学校管理层打下了坚实的基础。那么，作为学校发展的领军人物，黄纪接下来又是如何做的呢？他是如何提高自己的管理水平的呢？在黄纪发展的第二阶段，他严格要求自己，积极学习他人先进的管理经验，并努力学习人际交往技能，建立良好的人际关系，为学校的发展寻找更大的支持。下面，我们就来看看他是如何学习教育管理的，他有什么秘诀。

第一，参加培训学习，增长专业知识。在黄纪的眼里，专业知识的积累只有通过教育投资的形式才能获取，将所学到的大量知识作为资本，在教育管理中就可以以“它山之石”攻“玉”。在参加培训学习的过程中，黄纪从各类教育管理中吸取精华，并将其内化为自身的理论体系，完成自身最基本的知识积淀。黄纪就是在这种教育投资形式下，通过努力学习积累了最基本的专业知识，这为他做好校长这一职位打好了基础。

第二，多提问题，善于思考。没有思考的学习是无意义的学习，学习必须经过深入思索，将学到的知识内化成自己的东西，才是真正有意义、有效益的学习。同时，学习时要有问题意识，一定要从研究问题的角度来学习，不断发现问题、思考问题、研究问题、解决问题。黄纪在这方面就做得很好，他在学习的时候，总会思考自己的学校，思考自己的学生，思考自己的管理，思考自己的发展。在思考中学习，就使得学习有了针对性。因为善于发现问题、善于深入思考，黄纪才一次次找到教育管理的最佳办法，一次次取得成效。

作为校长，其“事业大厦”并不仅仅是提升管理能力、转变教育观念、提高学历层次的过程，更是管理实践与学习理论紧密结合的过程，是一个反复实践、反复学习的过程。教育管理者应该是一个学者在不断的学习中充实自己的知识宝库，以支撑自己的工作。我们再从黄纪的职业经历中来看看他是如何成长为一名学习型校长的。

黄纪发展的第三阶段，也就是厚积薄发阶段。黄纪当校长当得越来越顺手，初步的成功使他的自信心倍增。黄纪在掌握基本管理能力后，便深入探索办学规律，并不断总结和反思，使他的管理水平获得了很大的提升。

在教师的眼里，黄纪就是一个“点子”校长，黄纪总能给学校的管理与发展提出各种各样的新“点子”。但是，“点子”给出了，方向提出了，是否等于校长可以一劳永逸了呢？作为校长，如果仅仅是给出“点子”，剩下的事情就由中层干部及教师去做，这是不行的。那么，校长应该怎么做呢？

黄纪上任后，经过充分论证，决定组织大家进行案例研究。但是大家都不明白如何进行案例研究。黄纪便把大家召集起来学习，大家都异口同声地说：“校长，理论性太强了，难以操作，您能不能讲得通俗一些？”黄纪为了解决这个问题，就在工作之余不断翻阅书籍，查找文献，收集一些例子分享给大家。但还是有教师提出意见：“校长，你提供的这些案例研究都是别人的，能不能提供一些比较贴近我们的案例，让我们来研究？”

这是下属给黄纪的“命题作文”，他如何才能写好呢？显然，他遇到了挑战。但是，面对这个挑战，黄纪没有回避，而是毅然接受。黄纪一边查阅文献，一边深入课堂，最后写下了几篇“接地气”的关于案例研究的文章。

这一下，那些反对的声音就变弱了。校长在工作繁忙的情况下都能进行案例研究，下属又有什么理由不进行研究呢？在接下来的一个学期里，大家进行了一系列的案例研究，有的还在报刊上发表了自己的成果。在这里，值得注意的就是，为什么在短短的一个学期，大家就能够获得如此大的进步呢？关键就在于黄纪能够以身作则。黄纪以他超强的学习力，从不懂到懂，给大家做出了表率。同时，黄纪提出要求，每个人每月至少进行一个教学案例研究，每周进行小组讨论。在这样严格要求下，教师的案例研究能力获得了很大的提升。

我们回头看看，黄纪为什么能够成功呢？一是以身作则，二是具有专业能力，而所有这些都建立在他那强大的学习力上。正是这股强大的学习力一直促使着他不断前进、不断提高。如果没有强大的学习力，黄纪是不可能交出让下属满意的“作文”的，也就不会产生如此大的示范效应。拥有了学习力，不管面对多么复杂多变的形势，都能获得新的能力而自如应对。

想要获得成功，我们不仅要有坚定的意志，不惧困难，还必须把握学习力的规则。只有把握规则，才能事半功倍。那么，黄纪又把握了哪些学习力的规则呢？又能给予我们什么样的启发呢？

策略二　把握规则，事半功倍

总结起来，黄纪提高自身学习力有三大规则，他称之为“九字箴言”。

第一个规则：注意力

在历史上，有关注意力的故事不计其数，在讲黄纪的故事之前，我们首先来看一看这个故事。

几十年前，波兰有个叫玛妮雅的小姑娘。她学习时非常专心，不管周围怎么吵闹，都分散不了她的注意力。一次，玛妮雅在做功课，她姐姐和同学在她面前唱歌、跳舞、做游戏，玛妮雅就像没看见一样，在一旁专心地看书。姐姐和同学想试探她一下，就悄悄地在玛妮雅身后搭起几张凳子，只要玛妮雅一动，凳子就会倒下来。时间一分一秒地过去了，玛妮雅读完了一本书，凳子仍然竖在那儿。从此姐姐和同学再也不试探她了，而是像玛妮雅一样专心读书，认真学习。玛妮雅长大以后，成了一名伟大的科学家，她就是居里夫人。

看完这个故事，大家应该对居里夫人获得成功的原因有了深入的了解。居里夫人的这种专心致志、注意力高度集中的学习状态，正是她获得知识、取得成功的秘诀之一。由此看来，注意力对学习而言至关重要，只有注意力集中，学习才会更加高效。

黄纪从参加工作至今，那种专注学习的劲头得到了许多人的赞叹。在这里，我讲这样一个故事。

在一个休息日，黄纪和妻子在家，妻子因有事要外出一趟，出门之前她叮嘱黄纪说："今天天气不太好，我在外面晾了衣服，下雨的话一定要记得收!"但是黄纪的视线始终没有离开他的书本，只是连声答应，说"知道了"。就这样，妻子出门了，黄纪一直如饥似渴地翻阅着书本，读得津津有味。过了大概两个小时，天空乌云密布，雷声阵阵，要下雨了！可是在书房看书的黄纪似乎丝毫没有察觉，他还在查阅资料，探究管理方面的问题，就在这时，电话铃声响起，可黄纪依然沉浸在学习中，没有听到。毫无疑问，衣服被淋湿了，他也挨了妻子的一番唠叨。

从这个小小的例子中，我们就可以看出黄纪在学习时的注意力是多么集中，无论外界发生什么，都没有办法使他分心。就是因为这样高度集中注意力的学习，才使得他在阅读中能够获得一些关键知识，然后再集中精力去思考、去总结，从而将所学的知识联系实际，落实到管理当中去。

其实，当时黄纪之所以注意力如此集中，就是在为解决他当时管理中出现的一个问题寻找办法，究竟是什么问题呢?

在担任校长之前，黄纪就一直学习教育管理方面的知识，对一些教育管理也有了一定程度的了解。因此，担任校长后，他就把所学的知识都运用到管理实践中去。黄纪结合多年的经验，深信只有深入基层、多面了解、系统学习，才能提高管理效率。但是，就是因为黄纪深入基层，使他的管理出现了一个比较大的问题。按理来说，一个校长深入基层应该是一件好事啊，可是为什么到了黄纪这里，就变成了坏事呢? 事情是这样子的。

黄纪深入基层，去了解教师的情况，了解他们的需要，按理说这是很正确的做法，可是，现在却出现了问题。问题出在哪里呢？问题就出在黄纪处理问题的方法不对，黄纪深入基层没有错，但是他在了解教师的情况以及需求之后，一般都是当场表态，没有和其他领导商量，也没有让直接管理教学的副校长等人参与决定，凡事都亲力亲为，时间长了，问题就显露出来了。黄纪的这种做法虽然得到了教师们的认可，但是学校的其他领导不买账，为什么？因为黄纪把所有事情都做完了，他们做什么呢？他们没事可做就只能待着，时间一久，学校中层领导的懈怠心理越来越严重，工作也越来越不积极，而黄纪的工作却越来越多，工作量大大增加，学校的管理工作陷入困境。那么，面对这样的困境，黄纪是怎样做的呢？

除了前面所说的集中注意力学习书本上的知识，用理论来支持自己的想法，找出自己的不足，寻找解决的办法之外，黄纪还注意向他人请教。在有经验的校长面前，黄纪始终都是以一个学生的心态去学习，在与其他校长交流的过程中，他全心投入，高度集中注意力，努力寻找他人的闪光点，并结合自己教育管理实际，把这些学到的东西运用到具体的实践当中去。黄纪总结了当好校长的两个原则。

第一，多倾听，少说话，尽量减少当场直接表态的次数。

第二，对教师所反映的问题及提出的要求，只认真记录，不擅自决定如何解决，然后在例会上提出来，与班子成员以及中层干部共同商量后再决定，并由该教师的直接上级传达下去。

这样既可以拉近校长与教师之间的关系，也能调动中层干部和其他班子成员的积极性。

面对这次管理中出现的问题，黄纪通过向书本学习，向前辈求教，最后他决定采取以下措施。

第一，制订相关工作表，对哪些干部、哪些领导应该做什么事都有一个明确的分工。

第二，教师有问题，先向自己的直属领导反映，由直属领导先做出决策。解决不了，再由直属领导向上一级领导汇报。

第三，对较大的问题和需求，直属领导在做出决策之后，必须经过学校领导召开的会议进行讨论表决，最终再给出解决方案。

如此一来，无论是副校长还是中层干部，工作积极性及主动性都大大提高，对各自的工作也越来越负责；与此同时，黄纪的威信也得到了提高。最终，学校领导班子的凝聚力不断增强，使得学校的管理越来越顺畅，效率越来越高。显然，黄纪所拥有的学习力，不仅帮助他发现问题，还促使他专注地寻求解决方法，从而使他的领导能力得到了一次飞跃。

学校有一名特级教师回忆说："教学讲究的就是创意，每上一节课，每搞一次活动，每开展一项工作，都像在搞一个创意节目。黄校长经常与我们讨论怎样让课堂具有创意，他总能给我们提供一些好点子。有一天晚上，黄校长突然打电话对我说，某电视台正在播一个节目，让我赶紧去看一下，里面有我们要的东西！"这说明黄纪的注意力总是聚集在与教育有关的事情上，总能受生活的启发而想出一些颇有创意的点子。这也告诉我们一个道理，若要拥有学习力，就必须提高对学习的注意力。而一名校长应该把更多的注意力投在教育方面上，不断地学习，不断地思考，不断地实践，使学校的管理更加得心应手。

第二个规则：记忆力

关于记忆力，我们一起来看看比尔·盖茨的故事。

小盖茨在学校里学习出众，这是为众人所公认的，尤其是他的记忆力更为突出。他的英文老师安妮·史蒂芬斯对小盖茨超强的记忆力印象较深。在学校的一次戏剧演出中，小盖茨出人意料地将一段长达 3 页的独白背诵出来，而且准确无误，令许多同学羡慕不已。他的学科老师回忆道，每当教师在讲课中出现犹豫、吞吞吐吐的情况时，小盖茨往往能脱口而出，说出教师接下来想说的内容。

还有更令人吃惊的事，小盖茨 11 岁那年还参加了一次背诵大赛。这事还得从头说起。

小盖茨上的是公理会的教会学校，参加过唱诗班和童子军。尽管他对《圣经》之类与宗教有关的书籍并不太感兴趣，但也读过一些。那一次，西雅图大学社区公理会教堂德高望重的牧师戴尔·泰勒向小盖茨所在的班级宣布："谁要是背诵出《马太福音》第5～7章的全部内容，就能被邀请去西雅图的'太空针'高塔餐厅参加免费聚餐会。"

"太空针"高塔高153.3米，在"太空针"高塔餐厅可以看到西雅图所有的有头有脸的人物，因此可以说，该餐厅是西雅图最高级、最体面的地方。

不过，要获得与泰勒牧师在这家餐厅共进晚餐的机会绝非易事，因为"世上没有白吃的午餐"。在几十年教书生涯中，泰勒牧师形成了一个惯例：每年都要求他的学生背诵这几个章节。说实话，这几个章节特别长，连贯性不强，还很拗口。据牧师说，他至今还没有遇见一个学生能够将它一字不漏地完整背下来。但是，小盖茨做到了。

小盖茨信心十足、抑扬顿挫地背了起来。一口气，没有一个错误，没有一处卡壳。

11岁的孩子竟然有如此惊人的记忆力，实在令人震惊！泰勒牧师后来回忆说："我这才知道他具有一种特殊的才能，是一个与众不同的孩子。我无法想象他竟有如此高的天赋。……他喜欢接受挑战。尽管'太空针'高塔的聚会极富诱惑力，但是大多接受挑战的孩子并没有为此做出艰辛努力，只有比尔·盖茨做到了。"

牧师随后就这段文字向小盖茨提了几个问题，都得到了比较令人满意的回答。牧师当时好奇地问小盖茨是怎么背下这么长的文字的。

小盖茨不假思索地回答："只要我竭尽全力，我就能做成任何我愿意做的事情！"

事实证明，记忆力对于任何人来讲都是非常重要的，拥有较强的记忆力，将使学习和工作更加得心应手。比尔·盖茨拥有极强的记忆力，使他获得比别人更加多的机会。那么黄纪呢？他的记忆力如何呢？他又是如何在学习力中体现的呢？下面，我们一起来看一下。

心理学认为，记忆力就是识记、保持、再认识和重现客观事物所反映的内容和经验的能力。学习中，如果没有能力对所学知识进行记忆，那么就等于功亏一篑。这就好比一个学生即便每天都很努力地学习，但是上午学习过的，下午就差不多全忘记了，这就是典型的记忆力不强。在这种情况下，无论他多么努力，效果都难以显著。由此看来，记忆力对于提高学习力而言尤为重要。

从黄纪身上，我们感受到了记忆力的魅力。在教育管理中，黄纪总能有理有据地提出一些好的“点子”。你或许会好奇，作为一校之长，黄纪哪来这么多“点子”，并且言必有据？其实，这与黄纪强大的记忆力有关。黄纪每一次外出学习都随身带着一个本子，把见到的、想到的及时记录下来，然后加以消化吸收、铭记于心。在不断努力下，黄纪练就了强大的记忆力，常常能引经据典，对很多管理知识也信手拈来。对黄纪而言，学习不是学了就算，而是要学而时习之，他常常把别人说得好的地方详细记录下来，然后再结合自己学校的实际，提出一些改进措施。

大家对黄纪有一个很深刻的印象，就是记忆力很强。有一次，黄纪考察学习回来，心生感慨，对大家说：“我们这次外出考察学习，发现他们是这样做的，我觉得很好。”然后一条一条娓娓道来，并提出应根据学校实际进行借鉴。黄纪的考察学习如果仅仅是“走过场”，他就不会有这么有条理的一番言论，更不会有后来的深入研究和有力措施。可见，记忆力对于提高学习力而言不可或缺。

黄纪是如何拥有强大的记忆力的呢？总结起来，有以下几个秘诀。

秘诀一：明确记忆目的。无论是平时的学习还是考察学习，黄纪都有着明确的目的。也就是说，黄纪记下这个问题，就是为了解决教育管理中的类似问题。有了明确的目的，记起来也就更为容易一些。

秘诀二：增加学习兴趣。兴趣是记忆力的催化剂。一个人如果对某个事物有兴趣，他就会产生高度集中的注意力。黄纪对教育始终保持着一股热情，可以说，凡是与教育有关的，他总是保持着浓厚的兴趣，因此记忆起来也就特别深刻。

秘诀三：讲究记忆方法。黄纪不管去哪儿，都随身带着笔记本，把所见、所想分类记录，然后慢慢消化，这样记起来就更加得心应手、更加深刻了。

强大的记忆力使黄纪的学习力得以大大提高，这有助于他更好地学习教育管理知识。那么，除了注意力和记忆力之外，我们还需要掌握什么规则呢？

第三个规则：思维力

首先，我们来看这样一个例子。

一个非常著名的公司要招聘一名业务经理，丰厚的薪水和各项福利待遇吸引了数百名求职者前来应聘。经过一番初试和复试，剩下了10名求职者。主考官对这10名求职者说："你们回去好好准备一下，一个星期之后，本公司的总裁将亲自面试你们。"一个星期之后，10名做了准备的求职者如约而至。结果，一个其貌不扬的求职者被留用，总裁问这名求职者："知道你为什么会被留用吗？"这名求职者老实地回答："不清楚。"总裁说："其实，你不是这10名求职者中最优秀的。他们都做了充分的准备，比如，穿着时髦的服装，有着娴熟的面试技巧等，但都不像你所做的准备这样务实。你用了一种超常规的方式，对本公司产品的市场情况及别家公司同类产品的情况做了深入的调查与分析，并提交了一份市场调查报告。你还没被公司聘用，就做了这么多工作，不用你又用谁呢？"

超常规的方式，较强的思维能力，使这位求职者从10名求职者中脱颖而出，获得了这个令许多人梦寐以求的职位。其实，世上的事情有时就是这样，如果你墨守成规，常常会遭遇挫折、失败；相反，如果你稍微动一下脑筋，对传统的思维方式进行一番创新，就可能获得成功。

思维力是取得成功的推力。只有敢思、敢想、敢创新，才能够脱颖而出，获得别人的青睐，进而取得成功。那么，我们应该如何理解思维力呢？

思维力也叫思考力，就是对身边出现的事物进行思考，并对其有自己独特的见解。概而言之，作为一名校长，他的思维力就是对身边教育事件的思考，对教育管理提出自己独特的见解。如果校长没有较强的思维力，就很难对教育现象进行新颖的解读，就很难对教育管理形成深刻的见解，也就很难带领学校不断进步。思维力是学习力的重要组成部分。

学习箴言：如果校长没有较强的思维力，就很难对教育现象进行新颖的解读，就很难对教育管理形成深刻的见解，也就很难带领学校不断进步。思维力是学习力的重要组成部分。

作为一校之长，思维应该更为广阔一些，只有这样，才能看到别人所看不到的东西，才能成为一个有思想的校长。有思想的校长的核心素质之一就是善于反思，并在不断的反思中提升思维力。思维力在黄纪身上是怎样得以体现的呢?

按照惯例，黄纪所在的学校每学期都要举行全校性的广播体操比赛。大家都想为自己的班级争得荣誉，所以个个精神抖擞，态度非常认真。但是问题来了，一位教师反映说："制订的比赛标准欠科学，这样进行广播体操比赛不公平。比如，有些班级为了追求整齐划一，就把一些做得不好的学生排除在外。"该教师反映的问题确实存在，黄纪也觉得这样有欠公允，但他又认为不能简单地提出全员参与的要求，他要制订一个让大家都心服口服的标准。因此，他对该教师说，对这种现象要再考虑一下如何应对，晚些再给大家回复。就这样，暂时把这个问题掩饰了过去。

但是，掩饰并不是解决问题的根本方法，黄纪决定召开教师会议加以讨论。他指出，举行广播体操比赛的原意是让每一个学生都能享受运动的快乐与愉悦，并提高身体素质。另外，举行广播体操比赛有助于培养学生的集体主义和合作精神。一些教师以班级荣誉为由不让部分学生参加，这种行为往小说是伤害了这部分学生的自尊心，往大说就是剥夺了这些学生的受教育权，这是一种严重的错误，必须加以制止。经过一番讨论，黄纪决定重新拟定广播体操比赛标准，以确保每一个学生都参加，力求公正、公平、公开。这样一来，学生参加广播体操比赛的热情更高了。

广播体操比赛本来是一个很简单的事情，是学校的一项常规工作，但是黄纪能够从中看到一些教师所看不到的东西。他认为，广播体操比赛的目的不是比赛，而是通过比赛的形式让学生体验集体的力量，体验为了共同目标而奋斗的乐趣。不让个别学生参加比赛，不仅仅是有失公平的问题，还是剥夺学生受教育权的问题。黄纪能够这样想正是由于他具有深刻的思维力，从而在教育教学管理工作中，才能看得更深、想得更远，他的学习力也能不断得以提升。别人想不到的，他却思考得如此深刻，这就是他思维力的体现。

掌握了学习力的三大规则，黄纪在学习中该更加轻松了吧？然而，黄纪在学习中更加谨慎、更加努力、更加深入了。为什么呢？因为学习力常存在两大误区。若要真正拥有学习力，除了掌握三大规则外，还要认清这两大误区，并且加以克服。那么，学习力的两大误区是什么？我们又应该怎样克服呢？作为校长，黄纪采用的是什么方法呢？

策略三　避开误区，提高效率

我们在学习中经常会陷入两种误区：一是骄傲自满，不虚心；二是缺乏方法，盲目干。前者满足于自己已有的成绩，不愿意接受新的东西；后者做事不讲究方法，只是一味埋头苦干，并未留意到学习的效率。这两大误区的存在，会使学习低效运转，学习力无法得到提高。所以，只有避开了这两大学习力误区，才有可能提高自身的学习力，找到通往成功的途径。

对于骄傲自满，我们必须加以克服，否则就难以取得进步，更不用说要提高自身的学习力了。因此，我们在学习时，必须端正心态，不但要刻苦勤奋，还要敢于清空，虚心求教。每一天都是一个新的开始，每一天都是一个新的原点，一切从零开始，重新以一种崭新的心态去学习应该学习的东西，永远不要因为过去的成绩沾沾自喜，永远从现在开始，进行全面的超越，这是每一个人在学习上必须拥有的心态。

有这样一个故事。古时候有一个佛学造诣很深的人，听说寺庙里有一位德高望重的老禅师，便去拜访。接待他的是老禅师的徒弟，他的态度很傲慢，心想自己已是佛学造诣很深的人了，一个小徒弟算什么。后来老禅师亲自接待他，并为他沏茶。可在倒茶的时候，杯子里明明已倒满了水，老禅师还一直在倒，此人见了马上说："这杯子里已满了，你为何还往杯子里倒茶？"老禅师说："是啊，为什么满了还要倒呢？"禅师的意思是说：既然你已满肚子学问，造诣已很高了，为何还要来我这儿学呢？

这个故事说明，做事或学习的前提是必须要有一个好心态，一个愿意重新尝试的心态，在学习的过程中要虚心一点，把以前的架子放下来，把骄傲的心态调整一下，做到虚心向学，一切从头开始，把自己想象成一个空的杯子，而不要骄傲自满。

学习箴言：在学习的过程中要虚心一点，把以前的架子放下来，把骄傲的心态调整一下，做到虚心向学，一切从头开始，把自己想象成一个空的杯子，而不要骄傲自满。

摈弃自满，持有虚心，是黄纪避免陷入学习力误区的秘诀之一。黄纪给人的一个深刻印象就是虚心。无论面对任何人，他都能以一种谦逊的态度对待，虚心请教。

在黄纪看来，学习的本质就在于完善自我，就应该摈弃傲慢、保持谦虚。那么，在教育管理过程中，黄纪是如何做的呢？

黄纪开通了自己的博客，每到空闲的时候，他就会在里面写工作日志，抒发自己的教育感悟，以此来累积自己的教育管理经验。除此之外，黄纪还经常浏览别人的博文，向他人学习。看到别人写得好的地方，黄纪就会眼前一亮，积极向这位博主"取经"，互相交流。黄纪的这种虚心学习、虚心请教的学习习惯，使他获得了源源不断的教育管理灵感，他的教育教学理念得到不断提升，他的教育管理也不断得以完善。在他的带领下，学校的发展也越来越好。

黄纪摈弃骄傲自满，虚心学习，使他的学习力更上一层楼，有效地避开了学习力的误区。但是学习不仅需要虚心，还需要讲究方法。学习力的第二大误区就是缺乏方法，那么，我们应该如何去应对呢？

关于学习力的第二大误区，我们再来看这样一个故事。

相传在两千年前，燕国寿陵地方有一位少年，不愁吃不愁穿，论长相也算得上中等人才，可他就是缺乏自信心，经常无缘无故地感到事事不如人，低人一等——衣服是人家的好，饭菜是人家的香，站相坐相也是人家高雅。他见什么学什么，学一样丢一样，虽然花样翻新，却始终不能做好一件事，不知道自己该是什么模样。

家里的人劝他改一改这个毛病，他却认为是家里人管得太多。亲戚、邻居们说他是“狗熊掰棒子”，他也根本听不进去。日久天长，他竟怀疑自己该不该这样走路，越看越觉得自己走路的姿势太笨、太丑了。

有一天，他在路上碰到几个人说说笑笑，只听得那些人说邯郸人走路的姿势很美。他一听，急忙走上前去，想打听个明白。不料，那几个人看见是他，一阵大笑之后扬长而去。

邯郸人走路的姿势究竟怎样美呢？他怎么也想象不出来，这成了他的心病。终于有一天，他瞒着家人，跑到遥远的邯郸学走路去了。

一到邯郸，他感到处处新鲜，简直令人眼花缭乱。看到小孩走路，他觉得活泼，学！看见老人走路，他觉得稳重，学！看到妇女走路，摇摆多姿，学。就这样，不过半月光景，他连走路都不会了，路费也没了，他只好爬着回去。

相信这个故事大家都听过，这就是著名的“邯郸学步”，一般用来比喻生搬硬套，机械地模仿别人，不但学不到别人的长处，反而会把自己的特点和优点也丢掉了。但是换个角度来看，如果这位年轻人学习别人走路讲究一些方法，抓住重点来学，不要三心二意，不要一会儿学小孩走路，一会儿学老人走路，一会儿学妇女走路，他如果只认定一个目标，挑选其中一个适合自己年龄、身份的人物走路的姿势来学，加以时日，艰苦练习，相信他肯定能够学好走路，并且能够走得很好看。所以说，学习需要方法，只有掌握方法、认清目标，加上艰苦的练习，才能收获成果。

我们来看看黄纪是怎么做的。黄纪的学习靠的就是三个字：挤、韧、拼。

“挤”是什么？无论是出差还是上班，黄纪总是随身带着公文包，里面装着他每天必读的图书杂志，还有一些有待完成的稿子。出差时，无论是候车还是坐车，黄纪都见缝插针研读资料；在家时，早上六点钟起床，先阅读一个小时才去上班。这样“挤”的结果就是，黄纪在公务繁忙之时仍有充裕的学习时间。

“韧”是什么？黄纪刚刚工作的时候还是一位乡村教师，他凭着坚韧不拔的学习态度被调到镇圩小学教学，后来凭着出色的教育成绩，获得了担任校长的机会。之后，他又不断参加学习，努力提升自己，又被调到市内一所小学担任校长。他从来不放弃每一个学习深造的机会，也不错过任何一个提高自我的机会，直至如今，他还在坚持学习。这就是“韧”，无论条件多么恶劣，也不管条件多么优越，都始终认定目标，坚持不懈，带着一股韧劲去学习。

“拼”是什么？熟悉黄纪的人都知道，黄纪外表文文弱弱，其实骨子里散发着一股非常强的拼劲。黄纪每天都在勤奋学习，即使病倒了，也依旧坚持学习，可见他是多么“拼”。正是因为黄纪的挤、韧、拼，让他积累了丰富的教育管理知识，夯实了他“事业大厦”的地基。

黄纪非常清楚地知道，学习之路不可能是一马平川的，他秉持着端正的学习态度，坚持着科学的学习方法，相信天道酬勤。事实证明，黄纪获得了成功。他拥有很强的学习力，也正是这种学习力，把他推向一个又一个事业高峰。

黄纪很艺术地避开了学习力的两大误区，没有骄傲自满，而是虚心学习；没有盲目学习，而是讲究方法。这些，足以使他走向成功。

第二章

学习力的培养之道

在教育管理中，校长常常要接受一些新的任务，会遇到一些新的挑战，如何完成这些任务，在这些挑战中获得胜利呢？没有足够的理论储备是难以解决的，学校的发展也会因此而迟滞。因此，一个没有学习力的校长，是难以担当学校的管理重任的。黄纪有很强的学习动力、学习毅力、学习能力，给我们完美地呈现了一名出色校长所应具备的学习力。黄纪通过学习使自己的教育管理能力日益增长，获得了领导的认可、同行的赞赏。那么，黄纪的学习力是如何培养的呢？

关于学习力的重要性，首先请大家听这样一个故事。两个同龄的年轻人同时受雇于一家公司，并且拿着同样的薪水。但是一段时间过后，叫阿呆的那个年轻人青云直上，很快升了职，而叫阿才的年轻人仍然在原地踏步。阿才认为自己受到了不公平的对待，因而很不满意。终于有一天，阿才向老板发牢骚了，质问老板为什么区别对待他和阿呆。老板心里想着应该如何解释清楚他和阿呆的区别。

“阿才，你先别急着生气，”老板开口说话了，“现在公司有一个大项目，关乎公司未来的发展前景，弄不好，公司会随时面临倒闭的危机，现在我决定让你来做此项目的策划人，担任这个项目的主要负责人。”

阿才简直惊呆了，说：“老板，您是在开玩笑吗？这么大的项目，我以前从未接触过，没有这方面的经验，这个任务我肯定完成不了，老板您应该找一个更有经验的人去搞这个项目。”

“好吧，”老板对他说，“那么，现在请你坐在我旁边的椅子上，我们一起来听听阿呆是怎么说的。”

阿呆走进了办公室，老板把同样的话对阿呆说了一遍，但是阿呆的回答与阿才的大不相同。阿呆对老板说：“老板，我一定不负您的期望，虽然我没有这方面的经验，但是我会好好学习，向有经验的同事请教，做好策划书，保证完成任务。”

阿呆和老板谈完便出去了，办公室只剩下老板和阿才。此时，老板又说：“阿才，从今天开始，你留意一下阿呆平时的工作时间，看看他是如何工作的。”阿才若有所思地回去了。接下来的几天，阿才发现阿呆在工作时遇到有疑惑的问题，总会很谦虚地请教有经验的老员工，每天除了正常的上下班之外，阿呆都会留在公司义务加班，不断地研究新项目。一个星期后，阿呆拿出了一份完美的策划书给老板。

老板和阿才又进行了一次谈话。老板说：“现在你知道阿呆这么快升职的原因了吧！”阿才用力地点了点头。

其实，阿呆的成功，在于他具备阿才所没有的接受挑战的勇气，拥有超强的学习力，掌握了学习之道。他懂得通过学习不断地提升自己的能力，这些因素都帮助他一步步地走向成功。

所以，在管理学中有一句话：卓越的管理者，必然是拥有超强学习力的人。

学习箴言：卓越的管理者，必然是拥有超强学习力的人。

所以作为教育管理者的校长，必须懂得学习，学习新知识，接受新挑战，不断提升自己的学习能力。许多领导都有一些错误的理解：只要我干好本职工作就行了，不需要再去尝试新的东西，也不必再通过学习来充实自我。其实，作为学校的管理者，更应该加强自身的学习，掌握学习力的培养之道。只有学习，才能让你的工作变得更加出色，才会使你的团队更具有向心力。很多校长不懂学习、安于现状，最后常常使自己陷入困境。

作为一校之长，重视培养自身的学习力，将有利于带领团队发展。这就涉及心理学的一个理论，叫榜样示范法。校长在工作中懂得学习、善于学习、虚心学习，都会在无形中影响团队成员，久而久之，就会在团队中形成一种良好的学习氛围，团队的整体学习力都会得到提升，从而使学校获得更好的发展。

黄纪作为一名校长是如何学习管理学校的呢？我们要从一件事情说起。

2012 年的夏天，黄纪召集中层开会，商讨解决学校在建设中出现的问题。就在这时，黄纪接到任命让他到廉江市第三小学担任校长。教育局局长对黄纪说，希望在他的带领下，这所学校的面貌能够焕然一新，教学质量能够登上一个新的台阶。仅仅是这两句话，就能看出领导对黄纪的期望和信任。在这之前，黄纪对这一任命毫不知情，直到最后一刻，才知道自己即将要调任廉江市第三小学校长。黄纪对教育局的这一任命很吃惊，也明白接下来要面临的挑战。但是黄纪没有退缩，而是毅然地接下了这项任务，并向领导表达了一定完成任务的决心。

黄纪被委以重任，调任廉江市第三小学有其内在原因，要把这个原因完美解码，又要从黄纪小时候说起。

黄纪出生在一个普通农民家庭。黄纪的奶奶是受过教育的人，所以时常对他们兄妹几个进行教育。奶奶说："在农村，你不好好学习，是没有办法走出去的。你想要获得更高的成就，就必须好好学习。""学习必须讲究方法，不能急于求成，要一步一个脚印，把基础打扎实，才能厚积薄发，取得成功。"这些话，黄纪一直都牢牢地记在心上，这也成为后来对他影响至深的人生信条。黄纪很了解农民的贫苦生活，他目睹年迈的奶奶依然要下农田工作，所以年少的他就在心里暗想：我一定要让奶奶过上幸福的生活。也因为生活在农村的原因，他拥有比别人更加坚韧的毅力。黄纪作为家中的老二，"少有所为"，学习成绩一直很好。

在黄纪读初中的时候，有一个李老师曾教他。李老师是学校的教学骨干，教学水平一流，也很有人格魅力。李老师从不轻易称赞别人，但是有一次，他与校长谈话时竟然提起了黄纪。他说："我有个学生，叫黄纪，他学习很用功，但是他不是死记硬背，而是有自己的一套学习方法，学习能力很强。一些还没讲到的知识他就提前理解了。一些问题我一时回答不上来，他都能对答如流。这个孩子以后肯定是个人才。"这段对黄纪的评价很贴切。

在以后的求学生涯以及工作期间，黄纪每到一个地方，别人对他的评价中都离不开"会学习"这几个字。在从事教育这一职业以来，无论是做教师还是做校长，黄纪都始终很谦虚地学习，不断充实自己，正因为如此，黄纪获得了许多同事和领导的赞赏。"是金子总会发光"，"会学习"的黄纪引起了教育局局长的注意。教育局局长有一个重要的理念，就是重视有能力的人才，给那些有能力的人更大的发展平台。从管理学上讲，管理的成功与否，很大程度决定于领导是否会用人。显然，任何重要的成功，说到底都是用人的成功。这一点是任何人都无法否认的。

学习箴言：管理的成功与否，很大程度决定于领导是否会用人。显然，任何重大的成功，说到底都是用人的成功。

教育局局长发现黄纪是个人才，于是决定把他调任到老城区的廉江市第三小学任职，并寄予厚望。从一个农村教师成长为校长，而且是市区学校的校长，是所有年轻教师的梦想。当所有人都想争取这个机会的时候，机会为什么偏偏落到了黄纪头上呢?

机遇，是一方面。但是如果你没有能力，即使有机会摆在你的面前，你也只能苦笑。

不过，能力是可以通过学习获得和提高的。黄纪有个绝招就是会学习，他拥有很强的目标感，学习动力很强，同时他拥有坚持不懈的学习毅力，能通过学习来不断提高自身的能力。

黄纪从一个乡村教师成长为一个市区学校的校长，其间必然遇到过许多难题，他一步一个脚印走到今天，得到领导的赏识，这是非常不容易的。

我们一生中会遇到各种机遇，但是并不是每个人都有勇气与能力去抓住的，不懂得学习是这些人的硬伤。那么，作为校长，尤其是学习型校长，掌握学习方法就是一门大学问。掌握了，就有利于发展；掌握不好，个人发展乃至团队建设都会受到影响。作为老城区廉江市第三小学的校长，黄纪也同样面临这样的问题。那么，黄纪究竟是如何培养自己的学习力的呢？总结起来，黄纪培养自己的学习力有三个策略，称为“三式法”。

策略一　加强学习的动力

如果突然接到新的挑战，或者被上级委以重任，黄纪就使用第一式：加强学习的动力。

2011年，新的教育局局长正式上任。这位新上任的领导工作作风一向公私分明，更重要的是，有一个很出名的外号叫“伯乐”。顾名思义，这位领导是一个善于发现人才的人，更是一个特别重视人才的人，对于有能力的人，他总能第一时间发现，并在适当的时候给予他们更好的发展机会。但是，能够得到他青睐的人很少。他对校长的要求极其严格，只有通过他“法眼”的人才能正式担任校长一职。所以，在他面前，有能力的人总是能够获得发展的机会，而没有能力的人基本上都难以获得上场的机会。黄纪能够在众人之中脱颖而出，着实不容易。

黄纪经过角逐，终于当上了廉江市第三小学的校长，这一年黄纪三十五岁。

关于这位重视人才的“伯乐型”教育局局长，有很多关于他的故事，我们来讲其中的一个。

大家都知道“职业倦怠”这个词，许多人经过长期的工作后，就会产生一种厌倦工作的情绪，这种情绪就是“职业倦怠”。如果不加以重视，人们就会变得不思进取、安于现状，更别提不断学习了。但有位乡村教师却是这当中的“异类”，即便参加工作多年，他还是始终保持着一颗进取的心，没有升职，没有嘉奖，依然一如既往地坚持学习、努力工作。直到有一天，这位教育局局长到他所在的学校去调研，无意间发现了他。在学校的文化长廊中，挂着一幅幅这位教师的作品，包括画作、诗词等。局长向校长了解到，这位教师是一个上进心很强的小伙子，但是一直都被埋没了。局长当即决定，要把他“挖”过来去教育局工作。当时局长的副手表示不赞同他的做法时，局长依然坚持这样做，将这位教师调到了教育局工作。这位教师终于“守得云开见月明”，成了教育局的一名成员。这就是“伯乐型”领导，无论你的出身如何，只要你有能力，有学习的上进心，就有可能得到他的青睐。

要跟这种“伯乐型”领导打交道，你必须要有亮点、有成绩、有进取心，必须让他看到你是一个可塑之才。你表现得越有上进心，你成功的机会就越大；你如果表现得安于现状，没有前进的动力，那基本上你已经没有机会了。

其实，当时与黄纪同时竞争校长之位的另外一名候选人也很优秀。但这名候选人比较保守，是一个安于现状的人，总的来说，就是工作欠缺一些积极性和主动性。大家想，在这样一位“伯乐型”的领导面前，他能够成功吗？这名候选人不缺乏管理学校的能力，但缺乏那一股学习的动力，所以他最终没有成功。关于这位候选人，我们讲一件事情。

炎炎夏日，一辆白色汽车穿梭于大街小巷，目的地是市区的每个小学。车上的人有教育局长和他的下属，这位候选人赫然在列。大家也许会想，这里面肯定有蹊跷。是的，这的确是有原因的。这是教育局局长对这位候选人的一次考验。局长问他："对于现今小学的建设你有什么好的看法?"这名候选人对答如流，让局长很是满意。但是这种局面维持的时间并不长，接下来的谈话令双方陷入了"冷场"状态。局长准备给他布置一个任务，还没等局长说完，他就连声说"不"："局长，以我现在的工作状态，是没办法完成任务的，我没有做过有关方面的工作，自身的知识储备不够不说，学习能力也没有以前那么强了，况且我不想面临这么大的压力，还是做好本职工作就可以了。"局长虽然表面不说，但是心里已经打了一个结，认为这名候选人即便做了校长，也不会是一个进取的校长，所以，这名候选人肯定无缘于廉江市第三小学校长职位了。

管理学研究发现，在领导身边工作，必须具备一定的特质，至少有三大要求。

第一，了解领导的风格，掌握与不同类型领导相处的艺术。

第二，做事讲求效率，没有一个领导会喜欢拖拖拉拉的下属，有效率意识才能提高执行力。

第三，拥有较强的学习力与上进心。上级领导都希望下属能够拥有能力去解决在管理过程中出现的新问题。只有会学习的人，才会获得新能力，解决新问题。在工作中表现出很强的学习动力与决心，往往容易得到领导的赏识。

我们身边就有许多这样的人，他们不上进，不学习，也不懂得如何加强自身的学习能力，也就是失去了"斗志"。这种人如果遇到与他同一类型的领导还可能获得机会，而一旦遇到有教育追求、重视学习能力的领导，就难以获得青睐。这名候选人的问题就出在他对新事物的挑战缺乏信心，缺乏学习力，没有上进心。丧失了学习的动力，也就失去了发展的机会。那么，面对同一个领导，黄纪是如何做的呢？

黄纪是一个特别爱学习的人，即便自己已经是一所学校的校长，他对学习的追求也从未停止过，遇到困难，他不会说“不”，只会把压力转变成学习的动力，在不断地学习中寻找解决问题的方法，他是一个充满上进心的校长。试想，一个充满上进心，能不断帮助领导解决难题的人，领导还会对他说“不”吗？

领导也把同样的难题抛给了黄纪，但是黄纪的回答让领导颇为满意。黄纪当时说：“局长，对于这个任务，我以前未曾接触过，首先谢谢您给予我这样一个机会，让我有机会去学习，有机会去提升自我。请局长放心，即便我没有经验，也保证会很好地完成任务。”一个完全不同的答案，让局长很是赞赏，因而黄纪成功地当上了廉江市第三小学的校长。

在之后的一段时间里，黄纪都是在不断地奋斗中度过的。这个任务很重、很难，有时候黄纪也觉得力不从心，但是他从来没有想过放弃。黄纪不断地查阅书籍，向有经验的老前辈“取经”，在不断总结、分析之后，终于拟出了解决问题的方案。方案交了上去，局长很满意，在心里就认可了黄纪。黄纪成功地留给领导一个好印象。接下来，黄纪就要思考另一个问题了：在方案实施过程中，将会遇到很多困难，要用什么样的方法去战胜这些困难的呢？

局长交给的任务，解决起来很困难，黄纪面临许多问题，怎么办？有人认为，压力太大，还是不要做了，做不了，向领导解释清楚就好了。其实，这样做是推卸责任的表现。人生当中，会遇到很多困难，难道每次都要放弃吗？显然不行。我们要学会去面对困难，要加强解决问题的信心，把压力转化为动力，同时加强学习的动力，从而促进问题的解决。黄纪就是这样做的，这也是黄纪学习力的一个重要表现，这为他获得更好的发展奠定了基础。

遇到从未接触过的难题，黄纪依然保持很强的学习动力，他是怎么做到的呢？他是如何克服困难的呢？他又是如何加强自身学习动力的呢？黄纪使用了以下三个方法。

第一，明确目标。只有有了明确的目标，学习才会有方向，才会有努力的动力。就好比动物觅食，前方有了目标猎物，它肯定跑得比平时快几倍，因为只有这样，它才有机会获得食物，才能得以生存。所以，在遇到困难时，要明确自己的目标，要清楚只有去做，才有机会获得成功。只有这样想，学习动力才会不断被激发出来，才能时刻保持很强的学习动力，直到完成任务为止。只有这样激发学习动力，才能获得更好的发展。

第二，压力转换。面临困难，每个人都会产生不同程度的压力，但是如何应对压力，则仁者见仁，智者见智。有些人会因为不堪压力，从而放弃挑战，丧失了一次表现自我的机会；而有些人选择接受挑战，把压力转换为动力，不断推动自己前进。那些运动员在赛场上，遇到的压力更大。北京奥运会期间，中国女排从开始的比分落后，到最后的扭转局面，让人们看得惊心动魄。她们承受的压力不可谓不大，但她们没有被一时比分落后的压力所打倒，而是把压力转化为动力，奋起直追，最终获得了胜利。同样地，大家想一下，黄纪当时如果不能承受任务压力，他能顺利完成任务，走到今天吗？黄纪的成功，就在于他把压力转换为学习的动力，进而高效完成了任务。

第三，加强危机意识。在工作中，我们必须加强危机意识。领导下达的任务，我们只有努力做好，才能拥有被认可的机会；做不好，难以给别人留下好的印象，也就失去了成功的机会。我们只有意识到问题的严重性，才会拥有更强的学习动力，才会不断地去学习，弥补自己的不足，提高自己的能力，进而取得成功。

我们来看这样一个故事。两个人同时在森林里走路，A很警惕，不时观察着四周；而B呢，很愉快地欣赏着沿途的风光。在一处隐秘的地方，他们遇见了一只狼。A在心跳加速之余，招呼B赶紧跑，并很快摆脱了险境。而这时B还没反应过来，疑惑地问A：“为什么要跑?”话还没有说完，B已被狼扑倒。

B错就错在他没有危机感，没有意识到问题的严重性，最终遭遇危机，后果可想而知。这样一讲，道理已经很明显了，没有危机就是最大的危机，在危机还没降临之前，你必须有所准备，以确保自己能够跑得更快。

学习箴言：没有危机就是最大的危机，在危机还没降临之前，你必须有所准备，以确保自己能够跑得更快。

你看我们去参加赛跑也是一样：只要你盯着终点看，明确你的目标，调整你的心态，树立较强的危机感，你就能发现自己奔跑的动力变得更强了，你会不自觉地跑得更快。所以我们特别强调，面对一个新的任务以及难题，我们必须采取一定的方法来增强我们的动力，只有这样，才能取得成功。黄纪有很强的目标感，会把压力转换为动力；也有很强的危机感，能促使自己不断学习，所以他很出色地完成了任务。

黄纪当上了廉江市第三小学的校长，按理，能安逸地生活一段时间了吧？答案依然是否定的。黄纪变得更加努力了。为什么呢？因为处于老城区的廉江市第三小学在管理与建设中出现了许多新的问题，黄纪必须想办法解决。那么，在新的挑战面前，黄纪采用的是什么策略呢？这就是以下我们要说的第二式。

策略二　增强学习的毅力

古希腊著名演说家德摩斯梯尼生下来就口吃。由于口吃，吐字发音不清，他虽然有满腹的见解，却表达不出来。为了克服这个生理缺陷，德摩斯梯尼常把石子放在嘴里，跑到海边，面对大海练习讲话，天天如此，居然把口吃矫正了。为了专心练习演说，德摩斯梯尼一边登山，一边吟诗，有时站在镜子前比画、练习手势。为了一心一意练口才，他在家里建了一个地下室，整天在那里练习，两三个月都不出来。他还狠下心把自己的头发剃去一半，这样一来，想出去玩的念头就彻底打消了。尽管当众演说遭遇过无数次失败，但他从不灰心。经过坚持不懈的努力，德摩斯梯尼终于成了著名的大演说家。由此可见，困难和挫折也怕一个人的顽强毅力。

那么，作为校长，黄纪的学习毅力体现在哪里呢?

廉江市第三小学是老城区的一所小学，教学设施陈旧，校园文化匮乏，师生精神面貌也很不好。面对这样的情形，黄纪没有泄气，也没有安于现状。

黄纪下定决心一定要让廉江市第三小学的面貌焕然一新。从就任那天开始，黄纪每天都在忙碌中度过。除了处理一些日常事务，黄纪常会到校园中四处走走，以至于对学校的一砖一瓦、一草一木他都了如指掌。此外，黄纪还深入教师队伍，了解教师的实际需求。直到有一天，他终于病倒了。

在黄纪养病期间，有一位同在教育战线上的老朋友曾来探望。这位老朋友是黄纪旧时的同窗，中师毕业之后，他们都被分配回了农村当教师。直到现在为止，这位朋友依然在原来的学校任职。在这里，我们又要说一个故事。

毕业那年，黄纪和这位老朋友被分在了同一所学校任职。有一次，市教育局举行青年教师课堂教学比赛，校长说，他们两个人谁的课准备得好、准备得充分，就给谁参加比赛的机会。那时候黄纪就决定要努力争取这个机会，于是他每天早起晚睡，为的就是能够备好一节课。足足花了一个星期的时间，通过查阅各种教学资料以及观看各种优秀教学录像，黄纪结合自己的实际编写了一个切实可行、具有鲜明特色的教案。当黄纪兴奋地拿着自己的教案去找那位朋友的时候，那位朋友却告诉黄纪自己早已经在网上找了一份教案，打算按这个上课了。黄纪告诉他，这肯定行不通，没有付出哪来的回报?更何况，这不是自己的东西啊。但是那位朋友的回答让黄纪大吃一惊。朋友说：“我也尝试过很努力地去备课，但是我总觉得很累，上一天课下来我的体力与精力都快耗尽了，回去还要准备这些东西，我着实坚持不住，所以我干脆在网上下载了一份教案，凑合交了得了。”

最后，黄纪不出所料地被选上了，并代表所在区去参加了市教育局举办的比赛。代表自己所在区参加市级比赛，压力肯定是很大的。所以，黄纪一次次试教，虚心接受有经验的教师与教育专家的意见，不断地改进自己的教学设计。甚至，黄纪在自己的房间对着镜子练习，直到舌头起泡。是什么支撑着他一直走下去的呢？正是他那股强大的学习毅力。一次次地努力，一次次地改进，黄纪的课讲得越来越好。半个月后，黄纪在高手如云的赛场上脱颖而出，获得了比赛一等奖，得到了专家、评委以及听课教师的高度评价。

我们再回过头来看，如果当初那位朋友也咬咬牙坚持下来，或许今天也已经有非凡的成就了。

通过以上这件事情我们可以看出，黄纪是一个有着顽强的学习毅力，并能够不断挑战困难的人。学习，就需要有着坚持不懈的精神，而学习的毅力源于学习者的恒心。显然，任何目标的达成都需要坚定不移、锲而不舍地追求。接下来，黄纪在教育管理中又会遇到怎样的难题呢？他又是如何通过加强自身的毅力去突破困境的呢？

如今这位朋友在探望黄纪的时候，依然对黄纪说着同样的话。他说："你还是那么拼，都当上校长了，还瞎折腾什么？好好当你的校长就行了，搞得自己这么累、这么苦是为了什么？再说，无论如何你也无法改变这所老学校几十年来的面貌啊，你还是放弃吧！"

黄纪听后，只是淡淡一笑，但是并未改变自己的看法，也不打算因此而放弃。在养病期间，黄纪找来关于廉江市第三小学的很多资料，反复研究，最后提出了一套符合廉江市第三小学的办学理念：质量立校，科研促校，追求杰出。

黄纪始终很赞同马克思的一段名言："在科学上没有平坦的大道，只有不畏艰险沿着陡峭山路攀登的人，才有希望达到光辉的顶点。"所以，黄纪面对困难从不说"不"，他坚持用自己坚强的毅力去战胜所有困难。

重新返回校园后，黄纪开始着手学校的改造工作，并根据实际情况，制订了廉江市第三小学未来的发展蓝图。

第一，确立先进的管理理念。在教育管理中真正做到以人为本，打造优秀的教师队伍，培养品学兼优的学生，达到学校发展的预期目标。

第二，制订科学的发展规划。在坚持依法治校、依法治教的前提下，依照教育局的相关要求，科学制订学校的五年发展规划，提出切实可行的方案与措施。

第三，创新教育管理机制。实行人性化管理，落实民主管理，提高教师积极性，发挥教师在学校管理中的作用。

第四，提高教师素质。激励教师自我成长，促进教师专业化发展，帮助班主任更快成长。

第五，加强建规立制。建立并完善奖惩制度，各项设施、设备管理制度，等等。

第六，严抓教学质量。重视学生发展，建立严格的教学质量管理体系。

在这些理念的引领下，廉江市第三小学逐步形成了“领导重视教学、制度保障教学、经费优先教学、师资保障教学、科研促进教学、管理服务教学”的局面，学校的发展一天比一天好。随后一年，廉江市第三小学成功实现了跨越式发展，教学成绩斐然，重点中学升学率由原来的垫底提升至全市的前三名。与此同时，学生素质全面发展，近几年屡获殊荣，如城区大课间比赛评比一等奖，城区先进仪仗队检阅二等奖……黄纪再一次向大家证明了他的坚持是正确的。

那么，黄纪在面对困难时究竟是如何增强自身学习毅力的呢?

第一，坚定自己的学习信念。努力克服安于现状、因循守旧、不思进取、无所作为的情性思想，坚持自己的追求，通过不断学习来提高与完善自己，遇到困难，无论如何都要坚持，不忘初心。

第二，给自己一个期待。在遇到困难阻碍时，给自己一个期待，在这些期待的引领下，学习的韧劲、毅力又会得到增强，人就能始终保持昂扬的斗志，直到获得成功。

第三，明确目标。只有明确了奋斗目标，有了强烈的目标感，内心才会产生强大而又稳定的动力。面对困难而不能让思想、行动集中于固定的目标上时，人就容易丧失信心，产生放弃的念头；但是，倘若有了明确的目标，抱着“不到黄河心不死”的心态，那么，一个人的学习劲头就会重新燃起，学习毅力也会大大增加。就好比高考，假如高考目标是中山大学，那么在学习过程中就要不断地进行心理暗示，强化自己的目标感，这样一来，即便遇到学习困难，也不会轻言放弃。故而，明确的目标，能够增强一个人自身的学习毅力。

概而言之，想要做好一校之长，在学习上就必须有不松懈、不气馁的精神，无论工作是难是易、是繁是简、是顺是逆，都应该保持积极进取的学习态度，绝不放弃，绝不退缩。只有不断增强自己学习的毅力，始终保持强烈的进取心，不断寻找解决问题的方案，才能获得成功。

学习毅力固然重要，但是要培养自己的学习力，同样离不开以下这个策略，也就是我们要说的第三式。

策略三　提高学习的能力

经过调研，黄纪了解到大部分教师的生活状态就是两点一线：上课—回家，几乎没有任何业余生活，也极少参加有益于身心健康的文体活动，生活单调枯燥，犹如一潭死水，工作压力大；学生更是如此，除了每天上课、下课，几乎没有其他课余活动，每天的锻炼时间还不到一小时，课外活动更是显得毫无生气。黄纪认为，校园生活本应该是生动活泼、丰富多彩的。基于此，他确定了一个新的行动方向——校园文化建设。

为了改变“死气沉沉”的校园环境，黄纪首先采取的策略就是“吸”。“吸”就是吸取别人校园文化建设的经验，借鉴别人优秀的方面，进而改进自己的校园文化建设。

黄纪的第二个策略就是“散”。“散”，顾名思义，就是“发散思维”。黄纪有意识地把别人的优秀做法迁移到自己的工作中去，思考如果做同类事情，自己应该如何去处理。在学习的过程中，他注重不断去感悟，以求获得启发。

黄纪的第三个策略就是“变”。“变”其实就是一个升华的过程。黄纪认为，学习不是照搬，而是在原有的基础上进步与提升。只有不断改进与完善，才能创新做法，才能形成属于自己的特色，才会取得进步。

说到这里，我们可以举一个例子。相信大家都吃过荷氏薄荷糖，但是对于荷氏薄荷糖，不同的人有不同的看法。一位学营销的朋友说：“我看到荷氏薄荷糖，印象最深刻的是它的包装。包装的正面写着产品的名称并印有相关的图案，简约大方，很能突出产品的特色，显得非常上档次。最重要的是，包装纸印着激励人们的话语，如‘心之所愿，无所不成’‘走得再慢，也比站在原地成功’，等等，这些看似很细微的东西却不断吸引着人们去购买。”

接着，朋友开始分析这个薄荷糖的优势：第一，它的广告做得很不错，让人很想去尝试一下；第二，在包装盒上写上产品的原料，给消费者一个很清晰的引导；第三，产品的设计非常新颖，在包装纸上印着励志的话语，吸引了很多正在奋斗中的顾客。

这位朋友最后进行提炼，称如果他搞营销，也可以从这几个方面进行借鉴，以便更好地销售自己的产品。首先是设置吸引人的有别于其他产品的广告语；其次是安排简短但是有特色的产品介绍；最后是注重产品的外观形象设计。他想以此来很好地抓住顾客的消费心理。

大家千万不要小看这些分析，这正是学习的一种方式，即通过观察，不断地“吸”“散”“变”。这位朋友后来给他所在公司的产品设计出了一个富有特色的营销方案，其中包括广告语、外观设计、销售渠道等，非常出色，得到了上司的认可与赞赏。朋友后来说，他的设计灵感就是来源于那次荷氏薄荷糖的分析。这位朋友正是由于拥有超强的学习能力，才为自己赢得了一个很好的机会。

因此，在工作中提高自身的学习能力是很有必要的。同样地，黄纪对此也有深刻的体会。面对校园毫无生气的状况，黄纪究竟会想出哪些好办法来呢？

为了给校园注入活力，丰富校园的文化生活，促进教师与学生的身心健康，黄纪毅然决定，从学校大课间活动入手。于是，2013 年 2 月，黄纪亲自带领学校领导班子到办学优秀的学校进行考察学习。他们所考察学习的学校在课外活动方面都搞得非常好，有声有色，深受师生喜爱。课间，他们有眼部体操活动，学生从繁忙的学习中抽出时间来做眼保健操，既保护了眼睛的视力，又获得身心的放松与愉悦。他们还有大课间活动，一到大课间这个时候，无论是教师还是学生，都到运动场做功夫体操，大家的精神状态都很好，整个校园充满着活力。

黄纪对这些学校的课间活动进行分析，得出以下几点结论。

第一，课间活动很切合师生的要求，眼部体操运动有利于保护学生的视力，还能起到缓解学习疲劳的作用；大课间的功夫体操运动，有利于促进师生的身心健康。这些活动都充满着保健性与趣味性。

第二，课间活动很受学生欢迎，原因在于课间活动是师生一起进行的，有了教师的带动，学生的积极性自然而然就产生了。

第三，课间活动组织有序。一项好的课间活动，必然少不了有效的管理机制、严格的保障措施、专门的分工监督，这样活动才能有条不紊地进行。

黄纪在分析完这些学校的成功做法后，决定结合自己学校的实际情况，在廉江市第三小学掀起“动起来”系列文体活动。

“问渠那得清如许？为有源头活水来。”一所学校，具有朝气蓬勃的生命力是最重要的。只有不断吸收新的东西，具有积极向上、奋发有为、敢为人先的精神，学校才能保持富有活力、进步发展的状态。

因此，黄纪先从体卫艺科组入手开展工作，由分管领导和科组长负责组织以“我运动，我健康，我快乐”为主题的“动起来”系列文体活动，让全校师生都“动”起来。比如，组织教职工篮球赛、排球赛、舞蹈表演赛、阳光大课间比赛，等等。果不其然，全校师生都十分乐意参加。他们说：“早就应该这样，好好放松一下，享受运动的快乐。”为了更好地促进“动起来”系列文体活动的开展，黄纪决定定期举办一些切合师生实际的课间活动，如手语操、阳光跑步、快活跳、才艺展示等，师生共同参与，赛出风格，赛出水平。

“动起来”系列文体活动不仅大大丰富了师生的业余生活，而且让师生有机会充分展示个性和风采；不但使师生锻炼了身体，而且让他们放松了心情，有益于师生身心健康和工作顺利开展。尤其是阳光大课间活动，凸显“阳光”特色和个性，真正让校园充满阳光气息，让校园“活”了起来。更重要的是，黄纪通过开展这一系列活动，引导全体师生真正做到了享受阳光、享受温暖、享受个性、享受快乐的学习。

黄纪带头打造的“动起来”系列文体活动不仅“墙内开花”，而且出现了“墙外香”：“阳光大课间”荣获市小学第一届大课间比赛一等奖，在全市范围内产生了一定影响，其他兄弟学校纷纷前来观摩、学习，一时间，学校门庭若市。

“动起来”系列文体活动之所以搞得如此成功，很大程度上得益于黄纪较强的学习能力。通过观摩、学习和借鉴，经过“吸”“散”“变”，结合本校情况，他制订出了一套独具特色的课间活动方案，并逐步落实，使学校洋溢着健康快乐、充满活力、积极向上的气氛，成了快乐的园地。

搞教育管理不能把自己困在一个小天地里，要不断地外出学习，开阔自己的眼界；要通过考察学习，吸取精华，发散思维，创新方法，利用学到的知识来不断丰富自己的教育教学理念。只有这样，学校才能获得更加长远的发展。

通过以上的叙述，相信大家都明白了黄纪是如何提高自身学习能力的。在黄纪眼中，他所遇见的所有人和事，都可以成为他学习的对象。学习无处不在，我们需要把自己看到的、经历的进行提炼，变成自己需要的东西，然后不断升级，使其越来越好，进而获得成功。其实，我们所见到的“高手”，他们的学习能力都是非常强的，正是由于他们拥有这种超强的学习能力，才使得他们获得了更快的进步与成长。

培养学习力，必须加强学习动力，使自己有往前踏步的“冲劲”；必须增强学习毅力，使自己有战胜万难的“魄力”；必须提高学习能力，使自己有吸收精华的“速度”。只有如此，一个人的学习力才会不断得到提升，所进行的教育管理才能更加充满智慧。一个拥有学习力的校长，必将带领他的学校走向更好的明天。

无论做任何事，都需要先做好基础工作，练好基本功，奠定牢固、深厚的根基，做好最充分的准备，否则就难以成就大事业。而打好基础的途径之一，就是学习。那么，黄纪是如何处理学习与工作关系的呢？

第三章

学做事，先学习

通往高峰的道路不可能一马平川，我们还会遇到各种各样的坎坷，遇到各种不同的人和事，必须要很好地处理这些事情，才能离成功更近一步。黄纪在成为廉江市第三小学校长后，遇到了前所未有的挑战，从顺境一下子跌入了逆境。那么，他是如何处理这些事情的呢？从他的做法中，我们又能得到什么样的启发呢？

在开篇之前，我们首先来看一看“全球第一女CEO”卡莉·费奥瑞纳的故事。从她的故事中，我们能够获得什么样的信息呢？我们一起来看一篇对她的采访。①

作为“全球第一女CEO”，惠普公司董事长兼首席执行官卡莉·费奥瑞纳女士不久前的中国之行成为众人注目的焦点。不管在什么场合，她的金色短发、美丽容貌、红色套装以及自信而乐观的微笑都叫每一个人着迷。而让人倾倒的，绝不仅仅是她的女性魅力，更是她作为一个职场女性所表现出来的坚强、果断和魄力。

2004年3月12日，卡莉在中国活动的最后一站安排在清华大学，她与学子们分享了她的职业生涯经历，阐述了她对领导力与成功的看法。

面对这样一个集美丽、智慧、财富、权力于一身的女人，《职场金才》最想了解的是，从秘书工作开始职业生涯的她是如何提升自我价值，一步步走向成功，并最终从男性主宰的权力世界中脱颖而出的。

最重要的是温故知新

《职场金才》：对于那些处在“金字塔尖”的人，我们总是很好奇他们是如何攀升上去的。在您成长为CEO的历程中，您认为最重要的步骤是哪些？

卡莉：就像我在清华大学的演讲中说的那样，我并没有从一开始就打算做CEO，我只是希望尽力做好自己的每一项工作。通过在工作中不断学习，我开始了解越来越多的管理方法。当CEO的机会来到我面前时，我做出了正确的选择。

在我的成长历程中，进入HP之前和之后的经历，都极为重要。在朗讯，我经历过一家公司从低谷走向成功的全过程，也领会了资本运作（朗讯从AT&T拆分）所能带来的好处，这是非常宝贵的经验。之后在HP，我经历了并购康柏的全过程，成功进行了并购后烦冗、复杂的整合工作。

---

① 唐光芬．全球第一女CEO：不断学习是CEO成功要素［EB/OL］．http：//learning．sohu．com/2004/03/25/22/article219592218．shtml，2004－03－25．

我想，我所经历的每一次变动，每一份不同的工作，都是我走向更大的成功过程中不能忽略的要素。至于哪些最为重要，我建议，我们都回头看看自己已经取得的业绩，好好总结一下，让已经发生的事情成为日后我们进一步工作的基础。温故知新，这才应该是最重要的事情。

《职场金才》：受教育的经历对于您的成功有多大帮助？

卡莉：我学过法律，也学过历史和哲学，但这些都不是我最终成为CEO的必要条件。我始终认为，乐观的态度与专业技术知识同样重要。在我所受的教育中，我认为对我现在帮助最大的是，我学会了缜密、细致地分析问题，跳出局部范围、从全局思考。这些好的习惯都是在我求学时期养成的。

在商学院学习的时候，我开始了解营销、运营和一些统计方面的事情。在那段时间里，经常会有教授质疑我、挑战我，告诉我做不同的事情应该有不同的想法，让我以新的眼光和角度看自己的生活。这些经历，都是我现在能够担任HP的CEO所不能缺少的素质。

不断学习是CEO成功的最基本要素

《职场金才》：您并不是技术出身，作为HP这样一家以技术创新而领先的公司的CEO，您一定有很多东西需要学习。您常常感到最迫切需要补充的是什么知识？您是怎样在工作中学习的？

卡莉：我不是技术出身，但为什么有能力管理这么多技术人才？首先，我一直在技术公司工作，我知道技术是什么，对技术有宏观的了解，同时我也了解领导力和管理方面的东西。换句话说，我知道自己懂什么，同样也知道自己不懂什么。我不知道怎么给计算机编程，但是我确实知道计算机能够释放多大的潜力。所以我的一个很大贡献就是，虽然我不理解如何利用技术制造产品，但我知道怎么使用技术。要知道，HP有很多人都知道怎么利用技术制造产品，所以，我没必要在这方面很强。我的职责是，释放HP的潜力，释放人的潜力。了解自己能干什么、不能干什么很重要。伟大的领袖、成功的人和成功的公司是一样的，他们知道自己的优点，懂得利用自己的优点；他们也知道自己的弱点，可以通过与合作伙伴或其他人合作来解决这个问题。

不断学习是一个CEO成功的最基本要素。这里说的不断学习，是在工作中不断总结过去的经验，不断适应新的环境和新的变化，不断体会更好的工作方法和效率。我在刚开始工作的时候，也做过一些不起眼的工作，但我还是从自己的兴趣出发，找最合适的岗位。因为只有我的工作与我的兴趣相吻合，我才能最大限度地在工作中学习新的知识和经验。在HP，不只是我需要在工作中不断学习，整个HP都有鼓励员工学习的机制，每过一段时间，大家就会坐在一起，相互交流，了解对方和整个公司的动态，了解业界的新的动向。这些小事情，是能保证大家步伐紧跟时代、在工作中不断自我更新的好办法。

女性胜出的关键：有自信、有主见

《职场金才》：您觉得管理能力或者说领导力是一种天生的素质吗？后天的学习和努力对于领导力的形成能起到多大作用？

卡莉：很少有人能具备与生俱来的领导力，真正成功的领导者肯定是在工作中不断积累经验、不断学习而逐步成功的。

我认为一个领导者最主要的品质就是有愿望、有能力释放别人的潜力，领导力最终是要帮助其他人实现他们认为实现不了的东西，帮助别人看到不同的可能性以及自身的潜力。关于领导力，我在多年的工作中总结出三条经验：价值观很重要，性格很重要，不管什么变化，最基本的价值观不应当变；领导力就像成功一样，它不是一个过程，而是一个目的地；领导力的最大能量不在于领导者自身，而在于整个团队，领导者要协调整个团队的工作，才能得到最好的效果。

《职场金才》：作为一位著名的企业领袖，您认为职业女性尤其是女性管理者在事业发展的过程中，提升自我价值以使她们在男性主宰的世界里胜出的关键是什么？

卡莉：首先要有自信，对自己经过深思熟虑做出决定的事情，要有充分的信心。在坚信自己的选择是最正确的同时，也要说服别人。比如，HP并购康柏的过程中遇到很多麻烦，我从中体会到，如果没有充分的信心，并购的执行就不可能彻底，而并购就必然会走向失败。其次，要让所有人接受自己。在日常商业活动中，要有主见，更要有能让大家信服的策略，这样逐渐建立起自己的威信。

在这里，重要的是，不能因为自己是女性，就总是考虑太多的问题；而是应该大胆地站出来，为建立自己的威信和维护自己的地位，主动地提出自己的观点。

通过不断学习、不断积累，卡莉·费奥瑞纳懂得了许多管理的方法。也就是说，在她学会做事之前，她首先做的就是学习。由于在学习中积累了许多经验，她才能如此顺利地当上“全球第一女 CEO”。由此看来，学做事，首先必须要先学习。

古语有云：“水之积也不厚，则其负大舟也无力。”水积蓄得不够深，就不会有负载大船的力量。无论搞什么事业、做什么大事，首先必须做好基础工作，通过不断的学习来练好基本功，这样才能取得显著成绩。换而言之，做大事，首先要学习，通过学习不断提升自己面对考验的能力，以更好地解决难题，才能干好大事。但是，我们身边有很多人都做不到这一点，比如，有的人年轻的时候，虚心学习也善于学习，能通过学习来不断地武装自己，总能够很好地完成任务，状态很好；但是，当他不再年轻且有一些成绩时，往往就满足于现状，停滞不前，吃“老本”，更别提能很好地解决问题了。显然，这种不学习的状态是不好的，一旦遇到新的问题与挑战，往往会措手不及，陷于绝境。做大事需要不断学习、充实自己，只有这样，才能经受得起各种考验。一把好剑通过不断磨砺才能形成，优秀者也是在不断学习中成长的。在漫长的成长过程中，每个人总是免不了遇到种种考验，这就要求我们要善于学习，以提高应对各种问题的能力。

我们下面就要讲讲黄纪遇到的考验。

黄纪自在廉江市第三小学开展“动起来”系列文体活动后，俨然成为全市的风云人物，成为人人谈论的对象。黄纪迎来了自己事业的一个春天。但是，对于黄纪而言，这不会成为他止步不前的理由。在他眼前始终有一座山，他希望自己脚踏实地，一步一个脚印登上自己理想中的山顶。所谓“得江山难，守江山更难”，也就是说，守护属于自己的成果比创造自己的成果更加困难。因此，黄纪常以“登峰造极固可喜，全身而退更可贵”的座右铭时时警醒自己：不管开创事业还是拓展事业，都要谦卑、谨慎、惜福！人在成功的时候很容易遇到意想不到的新挑战，黄纪就是在这个巅峰状态下遇到了巨大的危机与挑战。

学习箴言：守护属于自己的成果比创造自己的成果更加困难。

2012年，正值事业春风得意时，黄纪却变得更加低调了，而且也变得异常勤奋。他埋头学习，全心全意钻研教育管理，为了学校的发展不断找寻新点子。他的举动，得到了教师以及家长的认可。

10月的一天，廉江市第三小学来了一个神秘人物，这是一位颇有能力的人，从乡村小学一步步走到现在的位置，深得教育局长的赏识。这一次，他受教育局长所托，特地到廉江市第三小学进行调研。其实，在这之前，黄纪与这个人已相识：同是乡村教师出身，惺惺相惜，成为知己。黄纪在校园内接待了这个人，并热情地向他介绍学校情况，让这个人不由回想起当年第一次见到黄纪时的情景。那时候的黄纪很谦虚，热爱学习，珍惜每一次的学习机会，对这间学校更是尽心尽力，使出了浑身解数想要改变它落后的面貌。他不禁感慨：不断努力的人，运气总是比一般人好。当然黄纪之所以有今天这样的成绩，除了努力工作外，还有热爱学习这个原因。黄纪一直坚信：想做好大事情，必须先学习。可以说，正是这个信念，促使黄纪遇挫不折，保持前进。

也许有人会想，黄纪既然已经坐上这个位置了，为什么还要如此辛苦，凡事都亲力亲为，把自己搞得如此疲惫呢？其实，这与黄纪的成长经历有很大的关系。黄纪希望通过自己的不断学习，能够使学校往好的方面发展。当然，这只是黄纪更加努力的原因之一。还有一个重要的原因，就是这个人这一次来廉江市第三小学进行调研，其实完全是上级对下级的一场考验——黄纪到底是否真的能够胜任校长这一职务？可见，教育局长对黄纪还是有一些不放心的。

前面我们讲到黄纪从竞争校长的候选人中脱颖而出，最终教育局长决定把重任委予黄纪。黄纪得到赏识，这是一件值得高兴的事情，大家都说黄纪运气很好。其实，这样的结果，可以说是偶然，亦可以说是必然。偶然指的是黄纪有机会获得局长的赏识，必然指的是黄纪有着自身的魅力以及能力。

黄纪与教育局长都是同一类人，二人意气相投，在工作或生活中必然就会有比较多的接触与交流，一起工作很是愉快。不过，时间久了，难免就招来了闲言闲语，甚至还有人到局长身边搬弄是非，说黄纪假公济私，不能让他为所欲为，要秉公处理才行。中国有句俗语说："来说是非事，必是是非人。"试想一下，一个人总是在你面前说某个人这不好、那不好，你肯定会受到这个"是非人"话语的影响，而对某个人进行重新审视。同样，受到外界的影响，教育局长心里肯定还是会略有变化的，即使从内心上相信黄纪不是那样的人，但也会采取一些措施或方法来证明自己没有看错人。

两个人合作得好好的，为什么会产生不信任，而要对其进行考验呢？我们来打个比方。比如，你和朋友逛街，买了一个心爱的东西，心里美滋滋的。回来之后，另外一个朋友和你说："我也买过这个东西啊，它一点也不好啊。"然后再跟你详细说这个东西怎么不好，这时你心里多少会有些不高兴，或许你还会后悔买了这样一个东西，又或许你会想办法来证明你买的这个东西是值得的。

对于别人的质疑，一定要向他人证明自己的决定是对的，这种心理叫作"自我满足机制"。人的一生中会做许许多多的决定，当你的决定被别人质疑的时候，你就会想尽办法想要证明自己是对的。有时候并不是说你不相信自己的决定，而是因为你一定要让别人信服你的想法。人的心理就是这样，无论是大事还是小事，当你和别人说出你的决定时，你总是希望得到别人的肯定的。换句话说，就是当你已经做出了决定时，你不希望自己的想法被别人否定。如果受到别人的质疑，你一定会采取措施来证明自己是正确的。

学习箴言：人的一生中会做许许多多的决定，当你的决定被别人质疑的时候，你就会想尽办法想要证明自己是对的。有时候并不是说你不相信自己的决定，而是因为你一定要让别人信服你的想法。

教育局长亦是如此。他从让黄纪担任廉江市第三小学校长开始，就觉得自己用对了人。但是面对别人的闲言闲语，他总不能视而不见。有人质疑他用人的眼光，他就想向别人证明自己是正确的，向别人证明自己当初的决定没有错。

一切质疑，都会给人带来一定程度的挫败感，为了缓解心理上的这种挫败感，人自然而然就会采取相应的措施来应对。那么，在现实生活中，作为一个上级领导，应如何回应别人对你的质疑呢?

在面对他人的质疑时，我们应该用实际行动来驳回别人的质疑。在面对闲言闲语的时候，我们要用事实说话，用事实来进行反驳。这也就是我们平时所说的："事实胜于雄辩。"

学习箴言：在面对他人的质疑时，我们应该用实际行动来驳回别人的质疑。

教育局长为了消除别人对黄纪的闲言闲语，也为了证明自己当初的意见是正确的，于是决定采取行动。他使用的方法很高明，叫作"明疑暗支"。局长给黄纪下达了一个任务：改变廉江市第三小学生源数量逐年下降的困局。廉江市第三小学位于老城区，办学条件不好，教学质量不高，有条件的家长都想方设法把子女送往更好的学校，所以廉江市第三小学在生源问题上面临非常尴尬的局面。这一难题前任校长没有解决，现在让黄纪来接手，就是希望他能出色地完成任务。同时，局长还派人对廉江市第三小学的情况进行监督、调研。

其实，局长的这一举措还是有些玄妙的。旁人看着会想，局长为什么把一个这么大的难题交给黄纪呢？前任校长无法解决的问题，为什么要重新拿出来解决呢？这根本就是一个无法完成的任务，黄纪怎么能够完成呢？其实，这正是局长的用意所在。正是因为这个问题很难，如果黄纪出色地解决了，无疑就给了大家一个交代，既能证明黄纪确实是一个有能力的校长，同时也向说闲言闲语的人证明了自己的眼光没有错，甚至很有见地。表面上看，这是为难黄纪，实际上却是支持黄纪。

局长与黄纪在工作上是上级与下级的关系，在生活中是朋友关系。黄纪也明白局长这样做的意思，所以他很干脆地接受了挑战。他这么做不仅仅是为了证明自己的能力，而且也是为了不让自己的上级为难。

黄纪这个人，做人做事有三个秘密武器。

第一个就是不让领导操心。遇到难题，不退缩，果断接手，对领导下达的任务会尽自己最大的努力去完成，任何时候都能保持最佳的状态去迎接新任务，做一个让领导放心的下属。

第二个是会学。黄纪是出了名的谦虚，总是以一种虚心的态度去学习，从不因为自己小有成绩而骄傲自大。正是因为他埋头苦干，打好了基础，奠定了根基，他才会由乡村教师逐渐成长为优秀校长。这的确值得我们学习。

第三个是勤学。除了会学还不够，还需要勤奋。一直以来，别人对黄纪的评价总是离不开“勤奋”二字，无论他是学生、教师还是校长，你都能从他身上找到勤奋的痕迹。黄纪坚信，勤能补拙，只有勤奋学习，打好基础，才能厚积薄发，成就自我。正是这样的信念支撑着黄纪一路走来，最终取得不错的成就。

接着上面来说，黄纪认为，既然有人和局长说关于他的闲言闲语，那他就用实际行动来证明自己！

局长见黄纪乐意接受挑战，心里很高兴。而最终，黄纪积极采取措施，出色地完成了任务。具体措施我们在后面具体讲述，这里先讲遇到这种情况时要做的三点：第一，接受任务，向局长表明决心，保证自己一定会完成任务；第二，去学，学习别人是如何处理这类问题的，借用别人的智慧帮助自己解决问题；第三，勤奋，黄纪每天很早到校，很晚回家，对学校的一草一木都了如指掌，对于学校周边环境的改造、学生家长的愿望更是胸有成竹。他做足了功课，为后来成功解决问题打下了坚实的基础。

局长虽然信任黄纪，但是要平息别人的质疑声，还要有所动作，于是特意派人到廉江市第三小学调研。通过这个人的眼，让局长看到黄纪工作的用心，对黄纪就更有底了：黄纪这么努力，必将是可造之才，必将是一个难得的优秀校长。事实证明，局长的眼光没有错，黄纪成功地完成了局长下达的任务，给质疑他的人交出了一份完美的“答卷”。

遇到考验的时候，不要气馁，也不要怨天尤人，而要用实际行动来证明自己，这样我们才会有翻盘的机会。做大事，就是要不断学习，努力学习，打好基础，为未来做好准备。在面对别人的质疑时，黄纪没有消沉，而是选择了积极行动。因为黄纪知道，做大事，就应该沉得住气，利用学习来不断提升自我，提高解决问题的能力。在接受考验之后，黄纪使用了三个策略，我们来具体了解一下。

策略一　用心学习，打好基础

在很久以前，有一个非常富有但很愚蠢的人。有一次，他到另一个富人家里去，看见人家有一幢高大、华丽而宽敞的三层楼的住房，空气流通、光线也好，心里十分羡慕，他想：“我拥有的财富并不比他少，为什么不建造一幢像他这样的楼房呢?”回去后，他立即请来了木匠，问道：“你能建造出和那家一样的高大楼房吗?”木匠回答：“那幢楼房就是我建造的。”于是这个富人马上说：“那现在你也为我建造一幢像那幢楼一样的房子吧。”木匠于是开始丈量地基，堆砌砖坯，准备建造高楼。这个富人看见木匠在堆砌砖坯，心里十分疑惑，就问木匠说：“你准备这些干什么?”木匠回答：“建造楼房呀。”

“可我不想要下面的两层，你先给我建造最上面的那层吧。”富人说道。木匠回答：“这不可能，哪能不建底层而直接建第三层的房子呢?”富人固执地说：“我现在不要下面两层，你只给我建造最上面的那层就可以了。”人们听说了这件事，都觉得十分荒唐，他们说：“居然还有想不建造第一层楼就直接得到上面几层楼的人!”

故事中的这个富人无疑是愚蠢的：哪里有不打地基、不建造第一层而直接起第三层的楼房呢？很显然，他不懂得什么是基础，更不懂得打好基础的重要性。“万丈高楼平地起”，不管是在学习还是在工作中，做任何事情都必须按部就班，踏踏实实打好基础，这样才能有所成就。

黄纪在解决学校生源的问题上使用的第一个策略称作“用心学习，打好基础”。

古语云：“墙高基下，虽得必失。”一堵高耸的墙，如果基础打得十分低矮，即便建成了，也必然会倒塌。所以说，无论做什么事都必须打好基础，倘若没有坚实的基础，是难以取得成功的。这就好比参天大树，如果根扎得不够深，一遇到暴风雨，就会被连根拔起。做大事也是如此，假若没有打下良好的基础，一遇到风吹草动，便会出现变动，甚至导致整个事业垮台。坚实的基础，对于成功而言至关重要。

正所谓“工欲善其事，必先利其器”，一个人想要达成自己的目标，首先必须要不断锤炼自己的基本功，积极打磨“利器”。而要修炼好基本功，打下坚实的基础，首要的事情就是要用心对待每一件事情。下面我们来举一个例子加以说明。

有一个小和尚从方丈那里领到的任务是撞钟，他觉得，撞钟这种工作这么简单，很容易应付。怎料，半年之后，方丈忽然宣布要将他调到后院去砍柴挑水，原因是小和尚不能胜任撞钟这份工作。小和尚很不服气，于是跑去找方丈讨说法。小和尚怒气冲冲地问方丈：“难道我撞的钟不准时，不响亮?”方丈语重心长地对小和尚说：“你的钟撞得很响，但钟声空泛、疲软，没有感召力。因为你没有理解撞钟的意义，也就没有真正用心去做。钟声不仅仅是寺里众人作息的准绳，更重要的是为了唤醒沉迷的众生。因此，钟声不仅要响亮，还要圆润、浑厚、深沉、悠远。”

事实上，不管你做的是什么工作，哪怕是最简单的工作，也会有是否用心之分。故事中的小和尚连撞钟这种基础工作都做不好，自然也很难成为道行修养深厚的大师。这就告诉我们，工作中若要做大事，必须从基础抓起；埋头学习，打好基础，才能披荆斩棘，实现目标。

黄纪深谙这个道理。所以，在遇到考验时，他选择了不断学习这条路。他坚信，不怕不会，就怕不学；只要肯学习，总会学到本事，最终解决问题。

黄纪这种坚韧的学习品质，不但帮助他迈出了踏进成功之门的第一步，而且也赢得了教育局长的认可。

不断学习、打好基础是黄纪一向坚持的做法。别看黄纪已经步入中年，但他还和年轻人一样很有学习冲劲，不管在什么情况下他都没有放弃学习的机会。面临困境，黄纪依然满怀激情，他很庆幸自己一路走来的不断学习、不断思考，为自己提供了解决难题的方法。

说到这里，我们要讲一件事。

黄纪与同窗陈老师同在一家学校谋事，虽然曾经是同窗，但是两个人的做事风格完全不同。读书的时候，陈老师便外表阳光，性格外向，人际关系甚好，在学校很快便崭露头角。

但是陈老师这个人说话有时候不着边际，喜欢耍小聪明。这一点黄纪与他完全不同，黄纪为人比较低调，沉得住气，喜欢用成绩说话。陈老师懂得与领导交往，没过多久，就青云直上，当上了副校长，而那时候，黄纪还只是一个教导处副主任。

黄纪并没有因此而气馁，因为他知道，付出总会有回报。黄纪这一路走来，都是一步一个脚印，他对学校的一草一木都深为了解，对于每个岗位更是了如指掌。黄纪在背后默默下了多少工夫，没有人知道。黄纪平时的应酬比别人少，除了一些必要的场合，几乎很少出去，一有空，他不是在家读书就是外出学习。经过长期的积累，黄纪对于教育管理已经很有自己的见解了。黄纪在默默努力耕耘着，他在等待一个机会。

机会终于来了！一天，校长开会，讨论学校的发展大计。对于这个问题，黄纪有自己的想法。在大会上，黄纪滔滔不绝地阐述自己的想法，提出了许多切实可行并具有前瞻性的实施方案。黄纪一说完，就获得了大家的认可和称赞。这一次，黄纪的形象更加深入人心了。黄纪的出色表现让校长刮目相看，印象深刻。

所以说，一个人不管在什么岗位，只有不断学习，打好基础，以能力傍身，才算取得了战无不胜的“王道”，才算拥有了屹立不倒的“靠山”。要知道，如果没有扎实的基础和过强的能力，投机取巧是无法获得长远的发展的，也无法获得成功。

学习箴言：一个人不管在什么岗位，只有不断学习，打好基础，以能力傍身，才算取得了战无不胜的“王道”，才算拥有了屹立不倒的“靠山”。

回过头我们再来看看，黄纪究竟是如何应对挑战的呢？他首先采取的措施又是什么？

黄纪自从调任廉江市第三小学，每天都会很早来到学校，开始新一天的工作。和别人不同，黄纪不是一直坐在校长办公室里，而是常常走进教室，走进教师办公室，走过学校的每个角落，仔细观察。时间久了，黄纪对于学校的具体情况可谓了如指掌。

再看看黄纪的经历。在当校长之前，黄纪对教育管理已经有了一定程度的研究，也曾经对学校的发展提出过切实可行的意见，这些，都为他现在的工作打下了坚实的基础。

这至少说明两点：一是黄纪未雨绸缪，在问题发生之前就做好打算；二是黄纪有着过硬的基础，对于教育管理与发展有着相当深刻的认识。

有这两点做基础，接下来黄纪又做了几件事情。

第一，多次召开行政会议，科组长、级组长会议，学校全体教职工会议，广泛征集大家关于学校建设的意见及建议，并对学校存在的问题进行讨论，研究学校发展的规划。

第二，总结问题，并结合相关经验以及理论提出了符合学校发展的措施。学校生源逐渐减少，黄纪认为主要原因是学校教学设施差、教学质量低与周边环境差等，于是他决定先从学校的环境卫生抓起，因为这是能最快见成效的一种措施。

第三，征求前辈的意见，在综合大家意见的同时，不断调整以及完善自己的措施。在得到支持后，黄纪迅速采取行动，在不影响教学工作正常运行的情况下，开展了一场轰轰烈烈的校园环境整治活动。

黄纪的校园环境整治，主要从如下几个方面进行：一是创新学校卫生管理制度。卫生问题一直都是学校的一大难题，黄纪提出“由一名副校长亲抓，大队部协管，班主任具体抓，值日教师督查”的卫生管理制度。二是把卫生工作列入教师期末业绩考核，与绩效工资挂钩，加强教师的责任心。三是每周进行一次班级卫生评比，与文明标兵班、班主任业绩考核挂钩。不仅如此，为了校园的美观，黄纪还把一些旧的宣传报栏换掉，并在校园内增加了一些名言警句的宣传栏。

几个月之后，学校的环境卫生状况明显好转，从一定程度上扭转了学生的不良卫生习惯，营造了洁净、美丽的校园环境。学校的这一转变，获得了大家的一致好评，吸引了大批家长前来参观。这为廉江市第三小学赢得了较高的“印象分”，为改善生源问题打下了基础。

当黄纪遇上考验时，他那高效地解决问题的措施并不是偶尔的灵感迸发，而是长期努力学习的结果。故而，黄纪能够抓住学校的主要问题，结合实际情况提出解决方案，并且迅速采取行动，很快就打破了长期以来的困境。为了更好地促进学校发展，黄纪又进一步采取了一系列措施。

策略二　坚持学习，充实自己

黄纪采用的第二个策略就是“坚持学习，充实自己”。一个人想有大作为很正常，但是肚子里必须要有“墨水”。肚子里没有“墨水”而想做大事，那是异想天开，最终也只能惹人笑话。如要参加一个比赛，参赛之前你可以去玩，尽情地去放松，但前提是你已经准备充分，对于拿下那个比赛有了相当程度的把握，这样你去放松才是合情合理的。倘若你肚子里没有“墨水”，比赛之前又没有认真准备，那你有什么资格去放松？机会对每个人都是平等的，关键是你应该怎样去把握这个机会。要做好事情，就要修炼好基本功，这靠的不是一时兴起，更不是一劳永逸，它要求你不断地坚持学习。只有时刻保持学习的心态以及习惯，你才能在工作岗位上越干越精彩。正所谓学得精彩，才能干得出彩。

在这里，我们可以举一个例子。

在还没有当上校长之前，黄纪和大家一样，都是“无名小卒”。在2001年，黄纪遇到了他人生中一个很大的转折点，他有了一个强大的“对手”——张科长。这个人很有名气，有着相当高的社会地位，年纪比黄纪大许多，可谓是黄纪的前辈。

2001年，黄纪所在的学校要进行人事调整，教育局要在他们学校提拔一个人担任副校长。在旁人看来，副校长的职位肯定非张科长莫属，没有其他人可以跟他竞争，因为张科长在这所学校已经工作多年，业绩也很不错。但教育局最后提拔了黄纪当副校长。其实，并不是教育局忽略了张科长的存在以及他的业绩。在此之前，上级领导也很想培养、提拔张科长，多次提出送他去进修、去学习，但他每次都以“家里事情比较多，走不开”为由婉拒。张科长后来对领导说，自己年纪大了，知识趋于老化，难以面对新的挑战，特别是新课程改革环境下的挑战。而黄纪年纪轻轻，又说得一口标准的普通话，多次获得课堂教学比赛奖项，最重要的是黄纪踏实做事、好学上进。

就这样，一个“水到渠成”，一个“有心谦让”，最终黄纪当上了副校长。其实归根结底，这次机会的获得还缘于黄纪一直保持着一股学习热情及探索新事物的热情，不断学习，努力提高自己的工作能力。在黄纪的信念里，学习永远是人生的重要功课。成功的人都会有一个促使他们成功的因素，那就是，具有超强的学习动力与上进心。另外，我们还要明确，并不是一次学习就能达到学习目标，事实上，每一次学习的结束都代表你下一阶段学习的开始。黄纪懂得这个道理，所以每一次他都很认真地对待学习，不断地进行反思，同时努力充实自己，并不断把学习到的知识运用于工作，不断创新。

学习箴言：成功的人都会有一个促使他们成功的共同因素，那就是，具有超强的学习动力与上进心。

黄纪刚上任不久，就凭借整治学校卫生环境赢得了上级、家长、师生的支持与赞赏，他工作的第一步似乎完成得很不错。接下来，他打算从建设教师队伍入手，打造一支高质量的教学团队，力求提高教学质量，提升学校整体办学水平。那么，黄纪又是如何做的呢？

首先，狠抓教师的日常上课。组织听课小组，并成立监督小组，检查教师上课质量，实行轮流监督机制。同时，提倡教师之间互相听课，互相学习，达到共同提高的目的。

其次，设立奖惩制度，并严格执行。教学质量与绩效工资、评选先进、外出培训等挂钩，旨在调动教职工的工作积极性与创造性。赏罚分明的制度让每位教师的工作热情都明显提高，大家在工作中你追我赶，工作积极性大大提高，教学质量也取得了实效。

最后，也是最重要的一个环节。黄纪定期组织教职工外出学习，回来后进行学习交流，对每一次的学习进行总结。

黄纪无论在任何时候，都重视教师的学习。他认为，只有学习，才能提高教师素质，才能提高教学水平，才能提高教学质量。

事实证明，黄纪的确高人一筹。短短几年，廉江市第三小学的师资水平获得了很大的提升，教学质量也明显得到提高，学校随之获得了极高的关注度。这样一来，廉江市第三小学的生源问题得以有效解决，黄纪的措施取得了明显的效果。

我们来总结一下黄纪为什么能成功。

第一，不怕困难，乐于学习。黄纪在遇到困难时，从不会轻易说“不”，他只会在学习中寻找解决问题的方法，在汲取别人的营养中获得启发。

第二，坚持学习，不懈努力。黄纪一直坚信，只有执着追求，永不放弃，才能有机会遇见更好的自己，才能找到最佳的解决方案，才能把工作完成得更加出色，赢得出彩的机会。

第三，善于学习，捕捉灵感。想要学得精彩，还必须善于学习，只有善于学习，才能不断地获取新东西，取得新进步。黄纪每到一个地方，都能以谦虚之心学习别人出色之处，再把它借鉴过来，成为自己的东西。

当学校困境有了一定的改善后，黄纪下一步又要采取什么策略呢？从他的做法中，我们又能吸取怎样的经验与教训呢？

策略三　勤于学习，厚积薄发

我们来看这样一个故事。

童第周是我国著名的生物学家。他出生在浙江省鄞县（今宁波市鄞州区）一个偏僻的山村里。因为家里穷，他一面帮家里做农活，一面跟父亲念点儿书。童第周 17 岁才进中学。他文化基础差，学习很吃力，第一学期期末考试，平均成绩才 45 分。校长要他退学，经他再三请求，才同意让他跟班试读一个学期。

第二学期，童第周更加发愤学习。每天天没亮，他就悄悄起床，在校园的路灯下面读外语。夜里同学们都睡了，他又到路灯下面去看书。值班老师发现了，关上路灯，叫他进屋睡觉。他趁老师不注意，又溜到厕所外边的路灯下面去学习。经过半年的努力，他终于赶上来了，各科成绩都不错，数学还考了 100 分。童第周看着成绩单，心想：“一定要争气。我并不比别人笨。别人能办到的事，我经过努力，一定也能办到。”

童第周 28 岁的时候，得到亲友的资助，到比利时去留学，跟随一位在欧洲很有名的生物学教授学习。一起学习的还有别的国家的学生。当时的中国贫穷落后，在世界上没有地位，中国学生在国外被同学瞧不起。童第周暗暗下了决心，一定要为中国人争气。

那位教授一直在做一项实验，需要把青蛙的卵的外膜剥掉。这种手术非常难做，要有熟练的技巧，还要耐心和细心。教授自己做了几年，没有成功，同学们谁都不敢尝试。童第周不声不响地刻苦钻研，他不怕失败，做了一遍又一遍，终于成功了。教授兴奋地说："童第周真行！"

这件事震动了欧洲的生物学界。童第周激动地想："一定要争气。中国人并不比外国人笨。外国人认为很难办的事，我们中国人经过努力，一定能办到。"

不断地努力学习，不断地积累，一遍又一遍地实验，终于让童第周一鸣惊人。他的实验成功震动了欧洲的生物界。无疑，是勤奋的学习造就了他，是顽强的韧劲造就了他。

黄纪身上也有这么一股韧劲儿，这就是黄纪的第三个策略——勤于学习，厚积薄发。勤奋，对于每个获得成功的人而言都至关重要。只有勤于学习，才能获取知识，然后才能厚积薄发，取得梦寐以求的成果。

欲做大事，必先努力学习，懂得从细微处入手，才有可能获得成功。人不可能一辈子都幸运，更何况有时候所谓的幸运，只是坚持的结果。为了达到心中的目标，我们都应该以一种坚忍不拔的姿态，执着追求，不懈努力，去学习，去成长；应该有一种不到黄河心不死的劲头，在不断的努力中求得厚积薄发。在这里，我们一起来看一个电视栏目《非诚勿扰》的主持人孟非的故事。

学习箴言：为了达到心中的目标，我们都应该以一种坚忍不拔的姿态，执着追求，不懈努力，去学习，去成长；应该有一种不到黄河心不死的劲头，在不断的努力中求得厚积薄发。

最近几年，江苏卫视的《非诚勿扰》捧红了主持人孟非。孟非原本是一名高考落榜生，一开始只是在一家工厂做一名苦力工。但他不甘于这样的生活，于是决定一边打工，一边攻读函授课程。他一路勤于学习，终于等到了机会。一次偶然机会，他应聘进入江苏电视台做接待员，于是成了电视台众多临时工中的一员。但是接待员这份工作很快就被孟非否定了，因为学习让他有了新的想法：不能一辈子都给人端茶递水。他的人生开始有了一个新的目标：做一名记者。

对于孟非而言，记者这份工作很难，但他并未退缩。每天他都早早来到电视台“现场学习”，于是渐渐熟悉了记者的工作流程。他还对电视台的记者进行“感情投资”，帮他们端茶倒水、打扫卫生，时间长了便和大家熟络了起来。孟非凭借那股学习劲头，很快就学会了一些采访技巧，熟悉了摄像机的操作方法。随着在电视台工作的时间越来越长，孟非渐渐获得了一些小新闻的出镜机会，而每当有这样的机会时，孟非都格外珍惜。经过勤奋、刻苦的学习，孟非逐渐形成了自己的主持风格，在2003年被评为“中国十大新锐主持人”，获得了诸多荣誉。2010年，孟非主持《非诚勿扰》，获得了众多观众与网友的喜爱，成了名副其实的著名主持人。不可否认，孟非成功了！

勤于学习、厚积薄发，使孟非登上了事业的巅峰。所谓“皇天不负有心人”，对于孟非来说如此，对于黄纪来说也是如此。

为了改变学校的生源问题，黄纪先后开展了学校环境整治工作，实施了“强师工程”，打造了优美的校园环境和优秀的教学队伍。但是黄纪明白，仅仅是靠这两点还是远远不够的，想要解决学校的生源问题，还需要对学校做更深入的改变。

关于解决学校生源问题，黄纪曾请教过同在教育战线上的一些校长，从他们身上获得了一些启发，他把学到的这些经验都运用到了工作中。黄纪主要做了以下努力。

第一，进行教学改革。以学生为主体，鼓励教师运用多种教学方法，创设和谐、愉快的教学环境，激发学生的学习兴趣。通过加强学科重要性和学习目的性的教育，引导学生热爱学习，增强学生的学习动机，在校园形成浓厚的学习氛围。

第二，重视个别教学。主张面对学生差异，实施分类指导。教师在备课、上课、布置作业、考试等方面要顾及学生的个别差异，让每个学生都有机会体验成功，增强学习自信心。另外，学校还开设丰富多彩的校本课程，以此弥补学科教学难以照顾学生个别差异这个缺陷，进一步发展学生特长。这样，学生学得开心，成绩自然上升，久而久之，学校在家长中的口碑也就自然好起来。

第三，做好宣传工作。即使你有很好的东西，如果不展示出来，别人也不知道，教育管理也是如此。你的学校这么好，就应该展示出来，让大家都了解。不要让家长主动来了解，你要主动给他们做宣传，这样所取得的效果必然会好。有了这样的想法，黄纪就在学校外墙设置了宣传栏，把学生的活动、教师的比赛、学校的管理通过宣传栏一一展示出来。家长来接送孩子或者是经过学校，都能在无意间接收这些信息，对学校的进步以及发展也就有了一个清晰的了解。

通过实施这几项措施，廉江市第三小学的各方面都得到了改善，学校的口碑渐渐地树立起来了。慢慢地，许多家长前来询问，越来越多的学生入学，生源数量呈现直线上升的趋势。到如今，廉江市第三小学已经变成了一个人人追捧的小学，这一转变让人惊喜。当然，这一切都离不开黄纪的努力。

教育局长对黄纪此次的表现很是满意，黄纪用他的实际行动证明了自己，总算没有辜负大家的期望。

黄纪就是这样一步步走过来的。他勤于学习，善于学习，乐于学习，故而能够从学习中获得知识，进而提高能力，最后得以从容应对各种考验，顺利解决各种问题，取得成功。黄纪说："脚踏实地去学习，不怕苦、不怕累，不懈努力，才能进步，才能把事情做好，取得最后的辉煌。要知道，无论身处什么困境，做什么事情，学习终究是有好处的。学习，于任何事而言意义都很重大。"

黄纪"学做事，先学习"的理念，还有学习的劲头，使他在解决生源的问题上取得了"首捷"。但是，教育管理不可能是一帆风顺的，总会遇到一些棘手的问题。那么，黄纪在面对棘手的问题时，还使用了哪些策略和技巧呢？他的这些策略和技巧又能给我们什么启示呢？

第四章

“学习型”管理大智慧

一所学校要想得到好的发展，好的管理至关重要。对于一所发展较为缓慢的学校而言更是如此。黄纪刚到市区小学担任校长时，就面临教育管理的难题，这些问题解决不好，就会影响学校的发展。那么，怎样才能有效解决这些问题，加强学校的科学管理，使学校走上发展轨道呢？黄纪在经过一次又一次的实践性学习后，他的管理智慧得到了进一步提高，最终克服重重困难，为学校的发展创造了机会。那么，黄纪是怎么做的？我们又能从中借鉴到哪些管理智慧呢？

无论是学校的管理还是企业的管理，具备学习型的智慧是成功的必备条件。我们来看这样一则例子。

前福特汽车公司高级总监尼克·赞纽克来到中国介绍“学习型组织”时，总会谈起自己是怎么与《第五项修炼——学习型组织的艺术与实务》的作者彼得·圣吉认识的。

那还是20世纪80年代后期的事情，当时他正带领手下的工程师们忙于开发一个数百万美元的项目——林肯大陆汽车新车型。竞争处境很困难，精神压力非常大。可就在这时，公司让他参加一些培训，他的抵触情绪立刻上来了。“我作为公司高层的一名管理实践者，我认为最浪费时间、最不愿意去做的一件事，就是花几天的工夫在一个什么研讨会里去听一些完全不懂生意的老师来教我如何管理我的生意。”他丝毫不认为在那里能学到什么。

接下来却发生了他意想不到的事情：“这时，有个人过来跟我讲：‘你完全不知道你的组织需要的是什么。’我非常吃惊，要知道，我当时已经是资深经理了。可看得出来，这个人不是在指责、贬低或者批评我，他非常真诚地想帮助我和我的公司。”“彼得跟我说要用一种新的方式工作，要改变现在的思维模式。而我的思维模式的问题则需要我自己去发现。”其实彼得·圣吉已经在引导他进入“学习型组织”环境了。当彼得·圣吉询问他能不能全身心地去做这件事情时，他突然感到，只有当学生真正准备好了的时候，老师才会出现。“我当时非常愿意接受新的观念，因为我的处境是面对挑战，别无选择。我的团队也准备好了！”从这以后的3年里，是彼得·圣吉的“学习型组织”模式帮助他在福特汽车公司完成了新车型硬性、生产直到成功的整个过程。

学习型的管理智慧使尼克·赞纽克克服了竞争的困境，成功地完成了新车型硬性、生产直到成功的整个过程。试想，如果尼克·赞纽克不去学习，不虚心请教，没有拥有学习型的管理智慧，他能够获得最后的成功吗？很显然是非常困难的。事实证明，想要做好管理工作，你必须具备学习型的管理智慧。

黄纪是一个敢于挑战自我的人，遇到难以解决的问题他从来不会退缩，而是尽可能地想各种办法解决问题。周围的同事以及上级领导都对他的这种品质表示认可、赞赏。现在黄纪调任到一所市区老校当校长，将要面临的压力以及困难可想而知。在上任前，黄纪一直在考虑的事情就是如何获得同事、学生和家长的支持和认可。要是有人不服从管理，自己能不能很好地处理，这是让黄纪很担心的一件事情。

很不幸，黄纪担心的事还是发生了，他刚刚上任，就遇上了一个麻烦人物。这个人是由前任校长一手提拔上来的，教学能力强，很有才干。但是做事比较懒散，责任心不强。前任校长调走后，他害怕不能被新任校长信任，于是变得非常消沉，不按要求做事，不听上级安排，甚至与领导“对着干”，上班总是迟到，教学也不像以前那么用心了，还经常传播一些“负能量”给同事，搞得人心惶惶。

就在这个时候，黄纪得到一个消息，这位教师打算另谋出路。这位教师出于对自己没有信心和对黄纪的不信任，急于想跳槽。黄纪认为，这位教师还是有一定的能力的，于是决定采取行动，把人留下。黄纪一贯的作风就是“先下手为强”，在事情还没发生之前，就先想好应对的措施，从而有效解决问题。黄纪首先找这位教师谈话，聊他的工作情况，通过简单的沟通了解对方真正需要的是什么。这只是黄纪的第一招，就是先了解情况，然后对症下药。

接下来，黄纪在“背地”里下了很多功夫。他找来副校长，交代他留意这位教师的情绪，不要把过多的工作安排给这位教师；他又通过其他教师，侧面了解这位教师的想法与需求；在平时，黄纪也很关心这位教师。

这位教师猜不透黄纪的态度，于是他想了一个主意，准备试探一下黄纪。他打算上一节公开课，并邀请黄纪听课。他想，如果黄纪来听我的课，那就是认可我；如果他不来，那就是铁了心要赶我走。

黄纪接到邀请，当天就去听这位教师的公开课，并对这位教师讲课的优点大加赞赏，在研讨会议上，还对这位教师进行了表扬，并请这位教师给大家介绍经验。这样一来，该教师觉得学校还是很重视他的，觉得黄纪是个明事理、不拘小节的人，之后就对黄纪“刮目相看”了，工作干劲十足，最后成为学校的教学骨干。

黄纪之所以这样做，是因为通过多年的管理实践，他学会了如何留住人才，他明白人才对于一所学校的发展的重要性。面对该教师的不信任，黄纪并没有听之任之，而是采取一系列的措施，感动了这位教师并使他心甘情愿留下来。黄纪这样做，受他导师的影响很大，这些管理之道都是从他的导师那里学习来的。当黄纪遇到这样的问题时，在脑海里首先回想起的是导师对他所说的：“要学会留住人才，做一个伯乐，学会做如水的校长——既有谦虚就下的胸怀，又有横冲直撞的勇气；既有转身绕行的灵活，又有岿然不动的原则。”黄纪喜欢看书，尤其是一些关于教育管理的书，对他影响至深。正是一点点的学习，使黄纪成为今天这样一个校长，一个体贴下属、包容下属、重视人才、懂得管理的校长。

黄纪虽然很好地解决了这一难题，但是他在结合类似案例对这件事情进行反思、分析时，觉得自己在这件事情的处理上还是做得不够完美，存在缺陷。黄纪就是这样一个人，对于学校的事情总是精益求精。黄纪对这一次的“挽留”进行了总结，他认为自己在处理方法上还是存在问题的，即使最后的结局是好的，但是在处理的过程中，他忽略了其他教师的作用。他认为，对一所学校进行管理，不能只靠个人的力量，还要靠集体的力量。也就是说，在教育管理中，要学会发挥集体的力量。

经过这件事情，黄纪总结了一下，倘若下次再遇到类似的问题，他应该分以下步骤进行处理。

第一，发挥大家的作用，利用周边的同事传递友好的信息。

第二，采取实际行动，从心底与他交朋友，多与他交流工作，使他有受到重视的感觉。

第三，解决问题时要抓住问题产生的根源，要学会反思自己，反思自己是否真的忽略了他，对他产生了什么负面影响。

通过这样的不断总结，黄纪逐渐形成了自己的一套行之有效的管理方法。

2012年，黄纪被调到另一所学校担任校长。此时，他又要面对陌生的环境、陌生的人和陌生的事，一切又要重新开始。

无独有偶，这一次，黄纪再一次遇到了类似的问题。在这所学校，有一位特立独行的老教师，是学校的“风云人物”。

但比较耐人寻味的是，黄纪一来，这位老教师突然就变得为人低调了许多。很多人不明白，黄纪来了，这位老教师怎么变老实了呢？其实，这位老教师在背地里做了一些让黄纪意想不到的事情。

这位老教师虽然行为变了许多，但是平时在办公室里谈天说地时，就会指责黄纪的不足之处，说黄纪能力不足，没有资格担任校长等，最后这些话还传到了黄纪的耳中。面对下属的非议，黄纪应该如何解决呢？

其实，这位老教师是一位进取心较强的人，但是一直得不到重视，久而久之，心理就不平衡了：凭什么别人能够得到更多的关注，而我就要退居一旁？他认为，每个教师的机会应该是平等的，享受的资源也应该是一样的。

很明显，老教师需要的不仅仅是职位的稳定，而是需要一个进步的机会，需要获得领导的认可。

事实上，作为一名管理者，做事公平公正，才能获得更多的支持，管理才会更加使人信服。如果不懂得公平对待教师，只偏心于个别教师，将不能让所有的教师心服口服。

学习箴言：作为一名管理者，做事公平公正，才能获得更多的支持，管理才会更加使人信服。

所以，很多时候，不是教师不服从校长，而是校长不懂管理，从而使教师对校长产生失望情绪，才会采取一些极端的手法来反对校长的管理，导致校长的管理难以进行。做事有理有据，公平对待每位教师，这样的校长才更加容易获得人心。

黄纪吸取前一次的经验教训，决定采取以下几措施。

第一，首先通过正常渠道传播信息，学校对教师不会有差别待遇，只要大家有能力，有精力，想要参加任何活动，都会公平给予机会。

第二，放下姿态，找这位老教师进行真诚的聊天，了解他的思想动向，并及时给予鼓励。

第三，反思自己工作中的不足，想想自己是否给了教师一些错误的信息，及时纠正自己的工作方向与态度，与教师进行及时的交流。

黄纪之所以这样做，是为了解决与教师之间的误会，是在维护教师的利益，关心教师，因而得到大家的支持。

这一次，黄纪又有了进步，这件事情黄纪处理得很好，不但赢得了老教师的赞赏，也获得了其他教师的认可。这对于黄纪今后管理学校而言，无疑是很有利的。

不过令黄纪没有想到的是，难题一个接着一个。学校环境问题、业务管理问题、教学工作问题等，都让他着实头疼。面对这样的困境，黄纪主要采用了以下三个策略。

第一个策略叫“力力”相扣，就是能力与魄力相扣。

第二个策略叫“商商”具备，就是管理者仅仅拥有高智商是不够的，要做大事，还必须具备高情商，这样成功的概率才会更大。

第三个策略叫“内外”并蓄，就是作为学校管理者既要有内在智慧，还要通过学习、修炼所得到的经验来支撑自己的行动，这样，才能有效地解决教育管理问题。

策略一　“力力”相扣，成就辉煌

黄纪刚到新的岗位，就把目光投向了学校的周边环境。这所学校位于老城区，周边都是摆小摊的，这些小摊以卖学生的学习用品为主，还有一些零食店等，环境可谓乱象丛生，给学校的发展造成很大的困扰。面对这样的情况，黄纪决定对学校的周边环境进行整治。但是整治周边环境关系到小贩的谋生问题，这个过程必将遇到很多阻力。在这些小贩中，有一个“刺头”，人称梁叔。据说，他平时就嚣张跋扈，谁也不怕。

在这一年的十二月，梁叔集结了所有小贩一起来对抗黄纪。他们给教育局写了一封信，检举黄纪滥用职权、收受贿赂，义正词严，来势汹汹。同时，他们还对前任校长大加赞赏，说前任校长管校有方、清正廉洁。小贩们还直接找到黄纪，公然反对黄纪的做法，期间自然免不了发生争吵。小贩们说：“维持原来的状态，对你，对我们这些人都好，我们在这里许诺，每年都捐款给学校，支持学校的建设。像你这样一搞，我们的谋生手段都没有了，一家子人以后该怎么办？你就全当什么也没有看见，继续让我们经营吧！”说到底，这些小贩的目的只有一个，就是维护自己的切身利益。

通过这件事情，我们可以看出，其一，黄纪当时的处境是困难的，整改学校周边环境的行动由于触及很多人的利益，受到很大的阻力。其二，这些小贩们软硬兼施，增加了黄纪的压力。其三，这些小贩们存在幻想，以为给黄纪点“甜头”，问题就可以解决了。

面对这样的状况，黄纪并没有丝毫退缩的意思，他要立即采取措施，解决这些问题，让学校的环境整治工作得以顺利进行。

黄纪冷静下来，暗中积蓄力量，准备一击即中，解决问题。他首先向教育局说明了情况，并向政府相关部门提出申请，请求他们帮助学校整治周边环境，还学生一个安全、文明的学习环境。他做这些事情，都是悄悄进行的，并没有让小贩们知道。黄纪的策略就是先稳住他们，然后取得政府支持，获得明文许可，再进一步采取行动。等公文下来，小贩们再反对也没有用了，最后只能好好配合学校的工作。事情果然发展得很顺利，黄纪的申请获得政府的批准，他可以放心大胆地去做了。

黄纪一看时机成熟了，立即采取行动。黄纪做事一向果断，在决定整治脏乱环境之后，即使面对那么多反对的声音，黄纪也没有丝毫犹豫，足见黄纪很有魄力。这一次行动，还没等小贩们反应过来，城管执法队就已经开始行动了，这场“战斗”黄纪打得很漂亮。

说到这里，我们不得不佩服黄纪的魄力，面对反对力量，黄纪没有退缩，而是果断地采取应对措施。

黄纪在整治好学校周边环境后，认真总结了这次的经验和教训。黄纪有个优点，就是善于总结，对于处理过的事情，总会进行反思，他之所以能进步得这么快，就是因为他善于在反思中、在实践中不断地学习，不断地提升管理水平。这件事之后，黄纪经过总结、反思认识到，作为管理者，单单拥有“强力”是不够的，虽然工作完成了，但是也因此得罪了一部分人，这部分人或许会成为自己以后开展工作的阻力。做大事要果断、有魄力，这是毋庸置疑的，但也要提升自己的情商，学会如何与人打交道，良好的人际关系会成为开展管理工作的助力。所以黄纪决定，在今后的工作中，要更加注重接人待物。

策略二　“商商”具备，所向披靡

学校规定，所有教师每天早上都必须提前 20 分钟到校，这项规定是学校所有教师都应当遵守的工作准则。有些教师不但能遵守规则，有时还能够提早进入校园，开始新的一天的工作。但是，规定并不是适合所有的人。

学校有位教师每天都会迟到，上班时还总是愁眉苦脸的，情绪不高。黄纪经过了解才知道，这位教师之所以不能遵守学校规定按时来学校，是因为她的丈夫在外地工作，自己要照顾家中老人，还有生病的女儿，每天忙完家里的事情，她再匆匆忙忙地跑来学校上班，其中的辛苦可想而知。作为校长，整个学校的师生都在看着，公事公办，显得校长不近人情；特别对待，又有可能让别的教师纷纷效仿。黄纪又遇到了一个难题，不过幸好他有一定的管理素养，面对这种情况，能灵活处理。黄纪使用了以下三个方法。

第一招，“无声胜有声”。一个拥有高情商的领导，能够洞察他人的心态，会设身处地地为他人着想，领悟对方的感受，尊重他人的意见。有一位教师平时懒散惯了，所以总不能准时到校，于是黄纪在他差不多到校的时候就站在校门口，看见他迟到，并没有批评他，而是热情地和他打招呼：“很忙吧？”多次以后，这位教师自己都觉得不好意思了，于是后来每天都能准时到校。学校的教师看在眼里，觉得黄纪对一般教师尚且如此，那对于有特殊情况的教师更能体谅才对。

第二招，展示体谅，移情于人。当黄纪了解到这位教师的困难情况后，就找这位教师谈话，表示理解教师的难处与处境，询问她是否需要帮助，还允许她只要不耽误上课，就不算迟到。这位教师听黄纪这么一说，非常感动。黄纪这种体谅教师，灵活处理问题的管理做法，得到了广大教师的认可，获得了许多教师的支持。

第三招，用心管理，用情服务。黄纪明白，一个好的教育管理者，是要用心投入工作的。黄纪很明白自己的角色，一校之长，本身就处于强势地位，就会给教师造成一种难以接近的感觉，因此，他决定采用一些恰当的手段来拉近与教师的距离，加强与教师们的沟通和理解。如每天早上，在所有教师都还没到校的时候，黄纪就已经站在校门口迎接大家。黄纪还深入教师中间，听教师上课，与教师一起评课，与教师说说家长里短，关系很是融洽。

这些事情，让大家看到了黄纪这种换位思考、没有架子、为教师着想的亲民形象，大家对黄纪也越来越认可，对他的管理工作也很支持。所以在学校，教师们脸上总是挂满笑容，工作积极向上。情商，往往能够反映一个人的综合素质，情商是最根本的领导力。一个情商高的领导，办事有分寸，说话很得体，处理问题很灵活，在现实生活中是“人见人爱”型的领导，更是拥有良好人际关系的领导。良好的人际关系，能够进一步激发团队的进取精神，促使他们真正投入工作中，使教育管理更加顺利。也正是如此，才有学校欣欣向荣、焕然一新的新面貌。

学习箴言：情商，往往能够反映一个人的综合素质，情商是最根本的领导力。

这件事之后，黄纪获得了全体师生的尊敬。接下来，黄纪又做了一件事——搞教研。他所在的学校，在教研这一块是空白的，以前学校对教研避而不谈，许多教师甚至从没有想过这一个问题。黄纪认为，学校要想发展，不仅要做好平常的教学工作，还需要积极开展教研工作。搞教研，能激发每个教师的进取精神，也能促进学校的长远发展。黄纪还主张外出学习，学习别的学校的优点，以改进自己学校的缺点。

策略三　“内外”并蓄，收获成功

黄纪决定在学校开展教研工作，但很多教师都不同意他的做法，有些教师甚至在下面窃窃私语：“搞这么多东西干什么？上好课、教好书不就行了吗?”在这种情况下，黄纪仍然决定搞教研。黄纪认为，一所不开展教研的学校，是没有发展前景的。

黄纪召集所有领导班子成员、教导处正副主任、科组长、级组长以及骨干教师参加会议，决定成立学校教育科研领导小组，布置教研工作，积极申报课题。可是，由于之前大家的教研意识淡薄，对课题申报工作相当陌生，教育科研工作几乎没有开展过，从学校领导到一般教师在这方面都没有任何经验可取。现在，想搞教研，大家都感到心有余而力不足。因此，教研工作一度陷入窘况。

黄纪发现，在教师队伍中，有位年轻教师虽然文文弱弱，但是文字功夫了得，之前读大学时参加过课题研究活动，对于教研也有相当程度的了解。此番黄纪决定搞教研，这个年轻教师表示大力支持。黄纪决定，对他委以重任，让他带领一个小队，率先进行教研活动，打响教研工作“第一炮”。这位教师根据学校实际情况，先从小课题研究入手，根据教学实际问题确定课题，明确落实各项分工后便开始实施。这个教研团队经过一番努力，取得了初步成效，并总结经验，用于指导教学实践，提高了教学效率。这让大家意识到，课题研究原来是这么有用的！在大家眼中，这个年轻教师相貌平平，平时很内向，也怯于表现自我。但是他在搞教研工作方面着实有自己的一套方法，不得不让人佩服。作为领导，在教育管理过程中能发现人才很重要。黄纪明白其中的道理，因此，对于人才的使用，他也有自己的一套做法。

当时，这位年轻教师在学校众多的教师中，就是一个普通的毕业不久的大学生。有一次，黄纪看到了他写的东西，觉得写得特别好，于是经过一番了解之后，黄纪决定给予他重任，就把他任命为教研团队的负责人。古人云："世有伯乐，然后有千里马。千里马常有，而伯乐不常有。"在教育管理中，善于发现人才也是有效管理的秘诀之一。

如果在学校中，有个人能够受到赏识，脱颖而出，这也会成为其他人努力的方向，成为激励导向，从而使教育管理越发地好起来，也只有如此，学校积极上进的教育教学氛围才会更加浓郁，人才才会涌现，大家才能为学校的发展出谋划策。

黄纪这个伯乐让这位年轻教师成了一匹"千里马"。在年轻教师的努力之下，教研活动也逐渐得到大家的支持，但是就在这个节骨眼上又出了问题。

在学校搞教研的过程中，这位年轻教师功不可没，取得了较好的成绩，接着他就顺理成章地成了学校的教研组长。这位年轻教师这么快就当上了教研组长，别的教师心里肯定有所猜忌与不满。和这位年轻教师一同毕业的另一位教师此时感到很委屈，对黄纪的安排极度不满，于是就采取了相反的举动来引起黄纪的注意。

下半年，黄纪决定采取"走出去，请进来"的办法，派一些人员到深圳、肇庆、珠海、广州等地考察学习，了解发达地区开展教研的做法，汲取教研工作经验。这些人当中，就有那位教师。

那位教师在接到通知之后，当即就表示不去，不愿意接受黄纪的安排。他之所以有这样的举动，也是受了旁人的影响。其实，黄纪早就注意他了，对他的教学情况也有一定的了解。

黄纪那时刚好在看一本书，书中的一句话给了他启发："如果你长期把注意力集中在优秀的人身上，那么除此之外的人，工作热情就会下降，那么，将会对你的管理产生极度不良的影响。”因此，黄纪对那位教师的举动有以下三个判断。

第一，某人的优秀，对他造成了影响，令他产生反差感。

第二，那位教师在周围人的影响下，心里有了不满的情绪。

第三，凡事都有根源，黄纪对自己进行了反思，发现自己原来真的忽略那位教师了，真的有做得不足的地方。

为了使团队更加具有合力，黄纪决定采取措施，化解矛盾。黄纪主动找那位教师进行了一次谈话，但是这一次谈话不是在办公室，而是在小餐馆。在吃饭时，黄纪与那位教师谈笑风生，没有丝毫架子。对方在黄纪的劝解之下，终于打开了心结，不再有不满的情绪，在后来的工作中，也特别用心。

黄纪考虑到学校教研工作不能总局限在小课题的层面上，必须全面铺开、不断推进，否则很难有所突破。于是从下半年开始，课题立项犹如雨后春笋般不断涌现，教师们乐此不疲，努力向更高的目标迈进。如今，课题研究已成为学校工作的重要组成部分，作为学校常规工作持续深入开展，教师们一边教学，一边开展课题研究，并用研究成果指导具体的教学实践，切实提高了学校的教育教学质量。

黄纪安排教师出外考察学习的做法也取得了显著的成效，使教师们在开展教研工作方面收获了很多经验，教师们教研意识大大增强，此后，大家对教研越来越有底气，大家都想搞教研，也都敢于去搞教研了。在这种力争上游的气氛推动下，学校的教学工作获得了长足发展。

其实，这期间也有人对黄纪心生疑惑：以前这么多任校长，无论是学校周边环境整治、学校教学风气的改善，还是教研立项等，都没有取得现在的成绩，黄纪怎么就成功了呢？总结一下，黄纪取得这样的成绩，应该有以下四个原因。

第一，黄纪能够及时发现问题、解决问题。黄纪这个人，心思细腻，对于一些细节问题，不会轻易放过，他总能够及时发现并解决问题。前面我们讲过，有前任“重臣”对他存在猜忌，有经常迟到的教师，有阻碍学校周边环境治理的小贩，有反对进行教研的教师，还有埋没在人群中的“千里马”……黄纪都能及时发现其中存在的问题，在仔细地分析之后，采取合理的措施，所以才取得了成功。

第二，黄纪是学习型校长，他善于总结与反思，在学校的管理实践中不断地积累管理经验，使自己的管理能力不断提高。每处理完一件事情，他都会对自己的行为以及解决问题的措施进行总结，并进行反思。好的，他就继续保持；不好的，就学习他人的管理智慧，期望下次不再犯同样的错误。就是这样一次次的反思、总结与学习，使得黄纪一点点地进步，管理学校的能力也不断得到提升。

第三，黄纪有胆识、有魄力。黄纪知道，作为一个管理者，仅仅拥有能力是不够的，对于一些棘手问题，还需要有解决问题的胆识和魄力。学校周边环境差是历史遗留问题，想要根本改变这种局面，就必须采取有力的措施。但是如果只是空想，而没有实际行动，是不可能改变这一切的。即使行动了，缺乏魄力，遇到问题就退缩，也是不会有成果的。黄纪在处理这个问题上，完美地展示了他作为一个管理者的管理智慧与魄力，彻底地改变了学校的周边环境，给学生创造了良好的学习环境。

第四，黄纪善于从书本中寻找管理智慧。前面我们提过，黄纪有一个习惯，就是坚持每天学习。在学习的过程中，有时候他会发现别人所遇到的情况恰好与自己的类似，这时他就会思考自己如遇相同的情况该如何解决等。黄纪管理的成功，很大程度上得益于他每天的学习。

通过以上的讲述，我们可以这样总结，能力是解决问题的必要条件，但是魄力更是做好事情的推力；高智商是解决问题的前提，而高情商直接关系到事情的成功与否；所有成功的必备要素，都可以归结为学习。作为校长，只有不断学习，才能提高管理能力；只有不断学习，才能拥有管理智慧。在管理中不断学习，提升自己的管理能力，才能成为一个充满魅力的智慧型校长。

第五章

学习力的运用法则

工作中不可避免地会遇到棘手的问题，只有坚持学习，不断提高自身学习力，进而提高解决问题的能力，我们的工作才会完成得更加出色。那么，关于学习力，你又了解多少呢？当你在工作中遇到挫折时，你是如何凭借你的学习力去解决的？在教育管理中，黄纪每次遇到困难，都能很好地解决，原因就是他真正地掌握了学习力。那么，黄纪是如何发挥他的学习力的？从他的做法中，我们又能得到什么启示呢？

首先请大家来欣赏这样一个故事。

有一个博士被分到一家研究所，成为那里学历最高的人。

一天，他到单位后面的小池塘去钓鱼，正好看见正、副所长也在钓鱼。他只是微微点了点头，觉得和这两个本科生没什么好聊的。

不一会儿，正所长放下钓竿，伸伸懒腰，“噌噌噌”从水面上如飞地走到对面上厕所。

博士吃惊得眼睛都快掉下来了。水上漂？不会吧？这可是一个池塘啊。

正所长上完厕所，同样又“噌噌噌”地从水上漂了回来。

怎么回事？博士又不好去问，自己是博士啊！

过一会儿，副所长也站起来，走几步，“噌噌噌”地漂过水面上厕所。这下子博士更是差点昏倒：不会吧，到了一个江湖高手云集的地方？

又过了一会儿，博士也想上厕所。这个池塘两边有围墙，要到对面厕所需要绕十分钟的路，而回单位上又有点远，怎么办？

博士不愿意去问两位所长，憋了半天后，也起身往水里跨，心想：我就不信本科生能过的水面，我博士生不能过。

只听“噗通”一声，博士掉到了水里。

两位所长见状忙将他拉了上来，问他为什么要下水，他问：“为什么你们可以从水上走过去呢？”

两位所长相视一笑：“这池塘里有两排木桩子，由于这两天下雨涨水，被淹在水面下，看不到。但我们都知道这木桩的位置，所以可以踩着桩子过去。你怎么不问一声呢？”

不去探究，不虚心请教，最终这位高学历的博士闹了一出这样的笑话。其实，一个人的学习履历并不能代表一切，能够使一个人走得更快更远的，是一个人所具有的学习力，只有拥有较强的学习力，虚心学习，不断探究，不断总结反思，才有更大的可能收获成功。那么，关于学习力，你了解多少呢？

很多人都知道必须通过实际行动来提高自身的学习力，为自己的成功助力。但是，很多人都不知道该如何修炼学习力。事实证明，如果仅仅知道事物的表面是不够的，因为难以对事物有深刻的把握。我们只有深入事物的核心，了解事物的本质，揭开它们的神秘面纱，才有机会获得成功。也就是说，想要让学习力成为你成功道路上的助推器，你首先要揭开学习力的神秘面纱。那么，学习力到底是怎么样的呢？我们如何才能把学习力发挥到极致，使其帮助我们解决问题、获得成功呢？我们一起来看看黄纪是怎么做的。

2013 年，黄纪已经在廉江市第三小学任职一年了，这一年里，廉江市第三小学的变化大家有目共睹，廉江市第二小学的成长与进步，得到了大家的认可。但是，黄纪在教育管理中又遇到了一些新的困惑：什么样的管理制度最适合廉江市第三小学？怎样才能把廉江市第三小学的面貌变得更好？怎样才能提高教师的积极性？这些问题一直萦绕在黄纪的脑海中。

这一年，黄纪又踏上了学习之路。这一次，他将参加名校考察，目的地是福建。一走进福建的一所名校，黄纪就看到了廉江市第三小学与它的差距。在这里，黄纪看到了精神饱满的教师，看到了洋溢着快乐与激情的学生，整个学校的风貌令人印象深刻。无疑，这样的学校，才是黄纪心目中的理想学校。当天，黄纪他们听了该校校长的一场报告，还进行了各种形式的学习、交流、研讨。这些学习对黄纪来说，犹如“久旱逢甘露”，是一场及时雨，给了他一次思想的洗礼，令他受益匪浅。特别是在专业素养和教育管理方面，更是收获颇丰。

这位校长说：“‘Leadership’，这个词大家都知道，翻译成中文就是‘领导’的意思；但是，大家可能不知道，‘领导’并不是一种权力或特权，而是一种精神上的影响力，能让他人追随。一个寝室的室长，他可能就是一个 Leader，只要他能够用自己的人格魅力、用自己的思想魅力让他人追随，他就是领导。我们作为校长，就应该具有这样一种魅力，能用自己的个人魅力影响团队，使团队更加完美。无论是教育管理，还是个人生活，都应该具有这样的魅力，一种让别人追随你的魅力。校长，不仅要拥有行政能力，更加应该有追随者，没有追随者的校长，不可能成为一名真正优秀的校长。”

为什么这所学校的管理能够如此成功？原因就在于这位校长是具有魅力的“领导”；一些个性化的管理措施，使得这所学校的管理显得与众不同，使得这所学校能够站在教育发展的前沿，获得办学的成功。

黄纪反观廉江市第三小学的办学情况，不由得心生感慨，作为校长，在教育管理方面，自己还有许多需要改进的地方。比如，学校的历史遗留问题还没有得到妥善的解决，教师的精神面貌还没有得到很好的改善，教师的专业水平还没有得到更大的提高，学生的个性学习还没有得到充分的重视，等等。

之前，廉江市第三小学的教学可谓毫无生气。也许正是因为这个原因，教育局才决定对廉江市第三小学进行人事调动，任命黄纪为校长，为廉江市第三小学注入一股新鲜血液。

担任廉江市第三小学校长，黄纪是面临很大困境的。有同行见黄纪如此辛苦，就劝他说：“其实你不必太较真，差不多就行了，就按照原来校长的思路走得了。”但是黄纪心中有一股劲，他希望自己能够为这所学校做些什么，能够为这所学校带来一些改变。他有着很强的使命感，这也是他成功的一个要点。当别人都劝黄纪安于现状的时候，他毅然决然地说“不”。坚持自我，不忘初心，这是黄纪自身的一个特质，这也成为他以后获得成功的又一个砝码。

黄纪对这所学校的管理以及办学思想有着浓厚的兴趣，于是，在人潮散去后，他又找到那位校长，虚心向他请教问题，以求解答心中的困惑。

黄纪与这位校长讨论了很久，获得了不少启发，对教育管理又有了一些新的想法。

第一，教育管理要“底线化”。所谓“管理底线化”，就是通过制订学校管理的最低标准，设定不可逾越的管理底线，强化学校教职工对最基本的原则性规章制度的恪守。

第二，教师发展要人本化。重视教师的幸福感，重视教职工队伍的精神面貌，让其饱含激情、充满希望地投入教学工作中。

第三，学生发展个性化。以生为本，培养品学兼优的学生，达到学校发展的预期目标。

这些办学理念一直在黄纪心中酝酿着，准备回到学校后进行一次教改。他要将自己所学到的东西，结合学校实情，进行一次大刀阔斧的改革，使廉江市第三小学发生脱胎换骨的变化。

黄纪在学习考察期间就拟出了学校教改方案。这一教改方案可以概括为“品求正”“技求精”“行求实”“风求和”四部分。

“品求正”，就是培养品行端正的学生。学校是学生求知的地方，应该教会学生求知的思维和方法，帮助学生有效地吸纳知识，进行积极的思考和创造，从而发展智慧，这就是“启智”；学校是对学生进行系统道德教育的重要阵地，应该引导学生爱国、诚信、友善，这就是“正德”；学校是教人求真的地方，应该追求科学的治学精神，追求优良的工作作风与生活作风，这就是“求真”；学校是知识美、心灵美、智慧美、语言美、行为美、环境美等一切“美”的发源地，应该让学生崇尚美好、追求完美，这就是“尚美”。因此，廉江市第三小学确定了“崇德尚礼，育心启智，尝试成功，追求卓越”的学生发展目标，确定以礼仪文化作为廉江市第三小学的校本课程，引导学生做一个品行端正、内外兼修的人。

“技求精”，这是学校工作的重点。质量立校，教师是关键，教学是根本。因此，黄纪确定以培养精于教学的教师、打造精良的教师队伍为主攻方向。一是以学科组、年级组、备课组为单位，积极开展说课、观课、议课等活动，力求打造有效课堂；二是以“让低耗高效课堂教学蔚然成风，让学生喜欢上我的课”为主题，开展“青年教师基本功大赛”，加速提高教师的专业化水平；三是通过学案设计、课件设计、通识知识和专业知识考核等一系列活动，全面提高教师专业水平，进而提高教学质量；四是举办“如何备课”“如何写教案”“如何设计板书”“如何进行课后反思”“真心语文”等专题讲座，对全校教师的“新课程理论和实践能力”进行考核与展示。经过“技求精”的打磨，使廉江市第三小学的教学质量和社会声誉都获得提高。

“行求实”，就是要有务实的行动力、执行力。黄纪认为，“行求实”是廉江市第三小学追求杰出的有力保证。“博学而不穷，笃行而不倦”，务实精神作为一种传统美德，体现在品格上，是正直的象征；体现在学习中，是求真的基石；体现在工作中，是追求实用、高效的原则。作为校长，作风要务实，工作要扎实，要有实心、明实理、讲实话、办实事。在管理工作中，不仅要在事前出思路、做计划、定目标，而且要在事后抓仔细、抓认真、抓监督。有清晰的思路、正确的决策、完美的计划，把具体工作全部落实，行动才能真正发挥功效。

“风求和”，即和谐的教风、学风、校风，这是廉江市第三小学校园文化建设的重点。注重学校内涵建设和文化积淀是廉江市第三小学办学理念上的一个亮点。廉江市第三小学在校园文化建设中力求与时俱进，体现时代特色。一所学校的教风、学风、校风和谐与否对学校的发展意义重大。学校是师生工作、学习、生活的地方，只有让教师安心工作、学生放心学习，廉江市第三小学才能走向卓越。构建和谐校园是廉江市第三小学追求的目标，“风求和”是实现这一目标的手段和途径。

都说干大事不可能一蹴而就，不可能一帆风顺，黄纪在这期间也遇到了一些挫折，几乎使他的计划夭折。那么，黄纪在这期间究竟遇到了什么困难，我们一起来看看。

与黄纪一同出外考察学习的还有同市的另一名校长，这位校长的年龄比黄纪大许多，黄纪对他也有些敬意。但是在考察学习的这段时间，黄纪对这位校长有了一些看法，为什么呢？

这位校长是市区小学的一名老校长，管理经验丰富，但是近年来管理工作日趋保守。黄纪曾和他探讨过教改问题，但是他并不上心，他认为自己的管理正处于最佳状态。在学习考察期间，这位校长表现得敷衍了事，对所考察的学校也不以为然，甚至劝说黄纪不要听那位校长的言论。但黄纪听了只是点头一笑，心里有了自己的想法。黄纪认为，凡是好的东西都值得学习，需要不断吸收，这样才能取得进步。在黄纪看来，廉江市第三小学要想发展，实现华丽转身，就必须学习别人的好的做法。

考察结束回校后，黄纪做的第一件事就是把教改实施方案写出来，然后征求大家的意见，并且付诸实施。但是，在这个教改方案实施过程中，黄纪遇到了一些他没有想到的波折。

一起参加考察的那位校长听闻黄纪要在廉江市第三小学进行教学改革，表现得非常不赞同，向周围的人不断“吐槽”黄纪的做法，并在言语中取笑黄纪这是跟风行为。他在与教育局长谈工作时，竟然牵扯到黄纪，向局长打“小报告”，说黄纪缺少主见，要在廉江市第三小学做一些不切合实际的事情，如果不及时阻止，怕是毁了廉江市第三小学，再三请教育局长亲自过问一下。

于是，第二天，黄纪就接到局长的电话，说要与他谈谈。更重要的是，局长要他带着学校发展规划，把最近将要实施的方案也一并带过去。这下倒把黄纪弄糊涂了，局长这番举动是为何呢？黄纪心怀忐忑。

关于与教育局长的这次见面，黄纪准备得很充分。在整个谈话中，黄纪向局长报告了整个教改方案，解释了这样做的原因以及具体措施。局长听后，对黄纪大加赞赏，认为他善于学习、敢于改革。他们的谈话就这样愉快地结束了。

局长的支持，让黄纪有了更大的前进动力，他开始着手全面落实教改方案。功夫不负有心人。一年后，黄纪主导的教改取得了实效。现在，你可以看到与以前完全不一样的廉江市第三小学：教学质量明显提升，教师精神面貌大有好转，学生充满阳光，笑容如花。这些都表明，黄纪当初的决定没有错，他的教改获得了初步的成功。

从这一经历中黄纪获得的经验就是要会学习、虚心学习，不断地积蓄力量，以期能够厚积薄发；同时，在具体工作中，要学会从高处着眼，从细处着手，通过坚持不懈的努力取得成功。

黄纪在外出考察学习中能够以谦虚的心态，抓住一切机会向有经验的同人请教，并运用于管理实践，这是难能可贵的。作为一名校长，拥有这样的学习力十分让人赞赏。

在学校的管理中，不断学习是管理好学校的关键，越是身负重任，就越要学习。但是，要想在教育管理中表现出色，仅仅知道学习的重要性是远远不够的，还需要懂得如何学习，加强自身的学习力。那么，关于提高学习力，黄纪有什么过人的看法呢？面对教育管理与建设问题，黄纪还有什么策略与高招呢？我们又能从中领悟到提高学习力的哪些秘诀呢？

策略一　高处着眼，细处着手

没有好的策略，一切努力都是枉然。很多事情只有抓住关键，做出准确的判断，实施恰到好处的策略，才能取得好的效果。做大事，就要把目光放长远，从实际出发，抓住关键，争取一击即中。如果一个人做事好高骛远，不考虑实际，想要取得成功是不可能的。一个成功者，既要懂得从高处着眼，又要能从细处着手。

黄纪在担任廉江市第三小学校长后，一直很努力，他想方设法去了解这所学校，以期能尽快融入学校的管理工作中，带领全体教职工改变学校现状，加快学校建设步伐。在这一过程中，黄纪遇到了前所未有的困难，面对这些困难，他是怎么做的呢？

面对困难，黄纪没有气馁，而是选择了最有效的办法，就是不断地学习，以此不断提升自己的管理能力。在管理实践中，黄纪总结出以下几条教育管理定律。

第一，注重第一形象。黄纪认为，自己初来乍到，给大家的第一印象很关键。他认为，一名合格的校长首先要做的事就是在教职工面前树立事业心强、虚心好学、真抓实干、目光长远的形象。

第二，深入调查研究。人们常说：新官上任三把火。无论是谁当了领导，都希望在上任之初能大干一场，这很正常。不过有这种热情固然是好的，但是切记不可操之过急。想要烧好校长的“三把火”，就必须准备好“柴草”，也就是要先了解学校，并实事求是地分析学校的实际情况，以求扬长避短。

第三，选好工作突破口。在经过一番调查研究后，校长就要从学校的长远发展出发，全面分析，准确判断，选好工作的突破口。只有突破口选好了，才能牵一发而动全身。选取突破口一定要从实际出发，高处着眼，细处着手，力求有实效。

黄纪在对原来的校规、校纪进行研究之后，发现有不少地方需要改进，如其中有项规定，无论领导还是教师，凡是上班迟到者，一律扣除当月奖金 100 元。黄纪认为这条规定不够人性化，不太合理，应该调整一下。有一件事黄纪一直记着，是什么事情呢？我们来看看。

有一所刚刚成立不久的学校，师资严重匮乏，好不容易请来了一位优秀的教师。有一次，这位教师因为有事来不及请假，按照规定被扣了 20 元，可是谁也想不到，不久这位教师就辞职了。也许你会困惑，这位教师的工资并不低，怎么会因为这区区 20 元而辞职呢？我们来反思一下这所学校的管理制度，学校的管理制度大多数都是学校领导为了方便管理自上而下规定的，既没有认真考虑教师的切身利益，更没有仔细分析学校的长远发展。这位教师认为这些制度就是为了专门管住教师而设立的，所以对学校的制度很是反感。学校没有把教师当作学校的主人，这是办好一所学校的大忌。

黄纪吸取这件事情的教训，决定从学校的长远发展出发，制订切合学校发展的规章制度。他开会征求大家的意见，最后决定取消迟到扣除当月奖金的做法，规定只要不是恶意迟到，就不用受罚，对坚持早到或准时到校的教师给予相应奖励。新规章制度出台后，得到了大家的一致认可，但是有一个人例外。

这个人是这所学校的老教师，性格比较顽固。他当着黄纪的面说："你这样做事是不对的。这个校规已经执行很久了，你突然改变，会导致教师惰性增加，不利于学校的发展。"他十分不赞同黄纪的做法。黄纪当时并没有立即反驳他，而是淡淡地说，先让新规定实行一段时间，如果效果不好，再想办法。但是这位教师不买黄纪的"账"，他以前总是能够按时到校，但是自从新规定出台后，总是迟到。他说，反正迟到也不会罚钱。他一直与黄纪“对着干”，但是黄纪并没有和他正面交锋。

黄纪知道，与这类人打交道，不能操之过急，应该慢慢来，要不断地去感化他，他才会真正信服你。

黄纪以身作则，每天很早就来到学校，开始一天的工作。黄纪有时会在校门口走动，总能看到一些迟到的教师，其中就包括这位老教师。每次，黄纪不仅不批评这些迟到的教师，反而会热情地和他们打招呼。时间久了，这些教师反而不好意思了，上班也就越来越准时了，最后基本没有了迟到的现象。事实证明，黄纪这样做是有效果的。他没有采用强制的惩罚手段，而是从关怀、理解教师着手，使大家逐渐把自己当作学校的主人。

这下，那位老教师没有话说了，黄纪用事实证明新规定是可行的。自那以后，这位老教师也变得越来越遵守规定，对黄纪也很信服。黄纪成功了，他的成功，主要在于他能从长远规划、细处考虑，一步步让别人去相信他、支持他。

我们来总结一下黄纪这一次行动的可取之处。

第一，能够从高处着眼抓住问题的关键，并且能够从细处着手去寻找解决问题的方案，这是非常值得我们学习的。

第二，能够从长远的角度出发，不计较眼前利益，从细节中体现出长久的价值。

黄纪为了改变学校落后的面貌，从细微处入手，创新学校的校规校纪，制订了更加人性化的制度，使人人都以主人翁的姿态来对待学校。事实证明，黄纪成功了。但是，管理一所学校，并非一件容易的事，而学习，也并不像说的那么简单。所以，黄纪在管理这个问题上，还有第二个策略。

策略二 虚心学习，完善自己

俗话说：“尺有所短，寸有所长。”“金无足赤，人无完人。”每个人在浩如烟海的知识空间都只能学习到其中的一部分，学习之路漫长而又崎岖，我们必须虚心以待。

有这样一则故事，可能我们都听说过。有位年轻人问爱因斯坦，说：“您已经是物理学界的泰斗了，何必继续孜孜不倦地学习呢?”爱因斯坦并没有直接回答这个问题，而是用笔在纸上画了一个大圆和一个小圆，然后对这位年轻人说：“你拥有的知识就像这个小圆，而我拥有的知识就像这个大圆，整个物理学知识是无边无际的。对于大圆，它的周长大，与未知领域的接触面也就相应增大，所以我更感到自己不知道的东西很多，因此我就要更加努力地去探索。”通过这个故事，我们可以解读到这样一个道理：每个人都要虚怀若谷，越是身处高位越要虚心，因为你接触的领域可能更广，不了解的事情可能更多。

但有些人一旦在事业上得志，就很容易失去自我，变得骄傲自大，目中无人，不听取他人意见，变得不再谦虚，不爱学习。在教育管理中，这种人很难得到他人的支持，久而久之，就会失去别人的信任，使自己的管理陷入僵局。所谓“水能载舟，亦能覆舟”，说的就是这个道理。

聪明的人从不满足自己现有的知识，他们会时常提醒自己，要虚心向别人学习，取长补短，完善自己。

黄纪就是一个聪明的校长，他给人的感觉就是很谦虚、好学，凡是与教育管理有关的事情，他都不耻下问，同时也会虚心听取他人的意见，合理采纳，尽最大的可能把事情做好。我们来看这样一个例子。

黄纪刚刚在廉江市第三小学当校长的时候，有些具体业务还不太熟悉，比如说学校的具体情况、教学工作的具体安排等。黄纪很清楚，如果不清楚学校的具体情况，是难以做出有利于学校发展的决定的。于是，黄纪召开会议，讨论关于学校未来发展的大计。会上，黄纪让大家畅所欲言，把学校的具体情况进行剖析，然后再结合大家的意见，有效整合，整理出了一份很详尽的有关学校发展的方案。但是事情还没有结束，黄纪希望把每一件事都做到最好，于是，他不断查阅相关资料，希望从中能够获得启发，以完善这份方案。另外，他还拿着这份方案，去找了一些比他经验丰富的人，询问他们的意见，寻找更好的教育管理的方法。终于，通过不断修改，黄纪制订出了一份适合学校实际情况的实施方案。在方案实施后，学校的面貌大为改善，学校的发展也蒸蒸日上。

黄纪就是这样一个随和、谦虚、好学的人。无论身处何位，无论做人做事，都保持谦虚的态度，善于听取意见并能虚心采纳意见，始终以一种谦虚、好学的态度去对待每一件事情。虚心学习、谦虚待人、低调做人，这是每一位成功人士应该具有的品质。一定要记住：不要“得志便自大”，听不进别人的意见，不善于学习，不虚心学习，不好好学习、充实自我，对于一名管理者来说，都是致命的弱点。

虚心学习、完善自己是黄纪学习力强大的一个秘诀。那么，接下来，黄纪又向我们展示了关于学习力的哪一点呢？我们一起来看下一个策略。

策略三　夯基树本，成就不凡

在教育管理工作中，领导的能力至关重要。作为领导，倘若没有把握全局的能力，肯定不能带好团队，学校的工作也无法顺利开展。所以，当学校的管理出现困难时，作为领导的黄纪第一个站出来，以过人的能力，带领团队战胜了一个又一个的困难。

黄纪之所以有这些过人的能力，关键还在于他为自己打下了坚实的基础。在当校长之前，黄纪就一直坚持不懈地学习有关教育管理的所有知识，所以，当教育管理问题出现的时候，他总能提出令人满意的建议。坚实的基础对于做好工作、应对考验而言至关重要。

在这里我们可以举一个例子来说明。就好比你去参加高考，你总想着自己要当一名“黑马”，老想着自己要脱颖而出、超常发挥、考到最好的分数。但是你在考试之前的三年，每天都浑浑噩噩地过日子，认真学习的日子少之又少，你觉得，你能成为一匹“黑马”吗？估计你只能“战死沙场”了。所以，不管做什么事情没有坚实的基础，是寸步难行的，更不用说获得成功了。

说到这里，我们一起来看看黄纪是如何利用坚实的基础去攻克难题的。

黄纪刚刚来到廉江市第三小学的时候，听到最多的声音就是这所学校这里不好、那里也不好，家长都在讨论着应该如何帮孩子转学。黄纪虽然嘴上不说，但是心里很不是滋味，他下决心要尽自己所能去改造学校。

面对廉江市第三小学教学质量难以提升、教师年龄较大、竞争力不强的局面，黄纪毅然决定，加大力度采取措施改变学校的落后局面，提高学校的教学质量。

多年的理论学习与实践经验，在关键时刻让黄纪产生了一些灵感，黄纪决定采取以下措施。

第一，实施以“以老带新”为主要形式，着眼于青年教师培养的“一帮一工程”。

第二，实施以鼓励优秀教师脱颖而出为目的，着眼于骨干教师和名优教师培养的“名师工程”。学校以培养骨干教师（学科带头人）为目标，倡导人人争做骨干教师，勇做学科带头人，并创设条件促进教师的学习与交流，做到人人有目标、人人有计划、人人有落实、人人有发展。

第三，实施以科学考核、量化评比为主要手段，以“年度教育教学能手”为培养目标，着眼于鼓励全体教师不断争先创优的“激励工程”。

第四，实施着眼于促进全体教师自身综合素质提升的“继续教育工程”。

黄纪这“四大工程”的实施旨在全面调动教师自我成长、自我发展的积极性，为夯实学校的教研工作打好基础。黄纪的这几项措施发挥了很大作用，教师的教学热情变得高涨起来，自然而然地，学校教学质量也得到了提高。

通过这一个例子我们可以看出，黄纪制订这些措施的灵感来源于他多年的学习和实践基础。努力学习，夯基树本，在任何时候都是有益处的。无论你做什么工作，只要你拥有较强的学习力，并夯实基础，做起事情来就能得心应手。事实证明，夯基树本，方能成就不凡。

关于学习力，我们暂时先讨论这些。总结一下，我们不仅要学会从高处着眼，还需要从细处着手去学习、去做事，这样才不会忽视任何细节，进而才能获得事业的成功。另外，我们无论在何时何地，都需要通过不断的学习充实自我、提高能力。此外，对我们而言，基础至关重要，因此，我们必须夯基树本，这样才能成就不凡。通过这些策略，我们可以领悟一些提高学习力的方法。但是，真正能够让人身临其境，切身体会到学习力的还是一个人的成长经历。黄纪的成长经历，就是一个例子，他用他的校长成长经历给我们讲述了一段关于学习力的故事。

第六章

学习之路需梯行

人无论做任何事情，都不可能一蹴而就，学习更是如此。一步一个脚印，脚踏实地的学习对我们获得人生、事业的成功至关重要。然而在当下，有不少人不知道该如何进行学习。学习有规律可循吗？当在工作中出现问题时，我们应该如何通过学习去解决呢？在这方面，黄纪就做得不错。在成长过程中，在不同的工作阶段，黄纪遇到了各种不同的问题，但是他总能借助学习很好地进行解决。那么，在学习方面，黄纪究竟有什么高明之处？我们又能从中得到什么启发呢？

我们说："梦想是有实力的人才能谈论的现实。"实际上，很多成功人士之所以获得生活或事业的成功，是因为他们拥有真正的实力。那么在生活和工作中，这些实力如何获得呢？实力需要从不断的学习中反思与总结得来。只有不断学习，拥有学习力，人才有可能获得知识与能力，才有可能成就事业。

一个人如果从来不会反省自己的错误，也不认真改正，总是想着一步登天，大家想一想，这样的人能够在学习上获得突破吗？能获得成功吗？我想只能是他所不知道、不理解的知识越来越多，学习越来越吃力，学习成绩也将越来越糟糕，他很难进步，更不用说获得成功了。显然，不反思、不改正、不思考，这种缺乏学习能力的人是难以取得成功的。

我们来看这样一个故事。

沃纳考的总裁琳达·乔依·沃切纳对自己的评价是"我有种永无止境的欲望做好事情——越接近目标越好"。但她没有想要一步登上梯子的顶端，甚至是梯子的中间。她明白，自己只能一步一步往上走，不能放弃热情，停止攀登的脚步，而且每一步都要走得踏实。她 16 岁高中毕业后进入布法罗州立学院，主修商业管理。在大学时，琳达就经常参加各种社会活动，她还帮助老师当考试监考、批阅卷子；每个假期，她还到纽约的百货商场打工。她后来回忆说："我在那儿的每家商场当售货员。"这些经历，给她未来事业的成功打下了坚实的基础。1966 年，在琳达 20 岁时，她从学院毕业，获得了工商学士学位，并踏上了零售服装行业之路。

琳达梦想拥有自己的公司，但她还是从所有伟大幻想家的必经之路——底层起步。她不管新职位在什么地方，都毫不迟疑地去工作。在 22 岁时，她成了曼哈顿 34 街区的马西斯商场中最年轻的采购员。在马西斯商场当采购员的 5 年中，她不断学习，最终成了服装行业的专家。

琳达后来成为主宰沃纳考生产和人事大权的"掌门人"。她在 45 岁时实现了经营和拥有自己的列入《幸福》500 家行列大公司的愿望。

琳达的成功在商界产生了轰动效应，她在她承担的每个职位上的绝佳表现，令人称道。

从基层做起，一步一个脚印，无论在何种职位，琳达都凭借其超强的学习力把每一份工作做得非常出色，她从简单低微的职位一步步攀登，最终成为一家公司的总裁。无疑，是她脚踏实地、不断学习、不断攀登的态度成就了她。

其实，很多时候，不管做任何事，都需要我们脚踏实地，不断地反思与总结，不断地去学习，因为这是我们取得成功的一块“敲门砖”。只有有了这些学习能力，在学习之路上“漫步梯行”，一步一个脚印，才有机会获得不断的进步，才有机会见到成功“山顶”上的风景。

所以我们得出一个结论，学习之路需要梯行，必须脚踏实地地学习，如此才能够获得进步。那么，我们应该如何学习呢？如何才能在学习中获得成长与进步呢？如何通过学习来解决工作中的实际问题呢？下面，我们结合黄纪的故事，给大家提一些学习方面的建议。

黄纪在担任校长的时候，遇到了教育管理难题。为什么说是管理难题呢？原来，黄纪所在的学校是一所老城区学校，教职工工作稳定，待遇不高，久而久之，大家都不想努力，慢慢地，职业倦怠感就在很多教师身上显现。黄纪认为，这将会给学校的发展及教学工作带来消极的影响。黄纪经常能听到教师的埋怨：“假期怎么这么短啊，这么快又要去上班了。”“什么时候才能放假呢？这种上班的日子实在无聊啊。”黄纪想，学校是教书育人的地方，理应是大家向往的地方，为什么大家会产生这样的情绪呢？教师不乐意教，学生不喜欢学，这个问题在当时已经很严峻。黄纪的校长之路刚一开始就遇到了这样的难题，怎么办？黄纪思考再三，准备行动起来，在这所学校上演一出精彩“表演”。

2013 年夏天，这所位于老城区的小学气氛凝重，大热天的，会议室里坐满了人，但鸦雀无声，在座的每一个人都神情凝重。是发生什么事了吗？原来在这次会议上黄纪针对教师工作做出了一项新规定：每个教师每学期都必须参加公开课比赛，而且必须认真对待。这项规定让大家都觉得很苦恼，但是又不敢反抗，因为大家怕“新官上任三把火”，得罪了校长。然而大家虽然嘴里不说，但是心里对这项规定很不满意。因此，在接下来的一段时间里，这项新规定并没有得到认真的执行。很显然，黄纪希望通过教学竞赛来提高教师的教学积极性的目的没有达到。想想也是，教师的职业倦怠是一件容易解决的事情吗？

事实证明，这一招没有效果。教师们表面上支持这项规定，但是背地里却有许多怨言，都说“搞这么多活动是在浪费人力、物力”。这项规定显然在无形中增加了教师的逆反心理，教师的职业倦怠并没有得到真正的解决。

黄纪看到此种情形，十分吃惊。他没有想到自己的决策是如此失败，竟然一点效果都没有。这时，黄纪面临着一个尴尬的局面：继续实施下去，肯定会引起教师们更大的反感；但是如果就此放弃，又如何改变教师的职业倦怠？更何谈学校的发展？黄纪左思右想，绞尽脑汁，不知道该如何是好。

无疑，在这一轮的“动作”中，黄纪失败了。但是，黄纪不是一个轻易言败的人。在遭遇这一个挫折之后，他又会采取什么样的做法呢？

首先，黄纪对现有的情形进行了反思与总结，发现自己所采取的措施的确存在许多不合理的地方，在实施过程中没有考虑到学校和教师的实际情况，因此，措施的落实出现了问题，也就不可能取得真正的实效。

其次，黄纪决定请教他人。黄纪还是一位新任校长，在教育管理方面有着许多不懂的地方，每次遇到不懂的问题，他就及时请教别人、“请教”书本。每一次遇到难题，黄纪的导师都能够及时给予他指导，每一次谈话，都能使他获得新的启发。所以，这一次也不例外，通过与导师的沟通，黄纪理清了一些教育管理的思路，产生了一些新的想法，做出了新的决策。

再次，黄纪在与教师们进行讨论后，决定实施新的规定。这一次，黄纪不再企图“一步登天”地解决教师的职业倦怠问题，而是决定循序渐进、一步一步地去改善这种情况。黄纪不再要求教师每学期都必须参加公开课比赛，而是增加了教学比赛项目，如班级比赛、教学“绝招”比赛、手工比赛，等等，只要成绩突出，都有奖励，以丰富多彩的教学比赛来调动教师的积极性。这对于教师而言还是很有吸引力的。

这一次，黄纪成功了吗？成功了！黄纪的这些措施真的奏效了，教师职业倦怠的问题虽然没有完全解决，但是已经得到很大的缓解。教师参与教学的热情提高了，精神面貌也得到很大的改善。在黄纪的努力下，学校的教学质量日益得到提高，学校的管理也变得越来越好。

我们可以看到，黄纪在困难面前，并不是固执己见，而是通过有效的学习，不断地改进解决问题的策略，进而获得成功。我们来具体总结一下。

第一，黄纪善于学习。对于别人好的东西，黄纪总会以谦虚的姿态去学，并能够把学到的东西运用到具体的工作中去。

第二，黄纪善于反思。黄纪有一个很大的优点，就是能够在不断的反思中学习，在反思中获得灵感，并能够就自己的不足之处提出解决方案。这是很得我们学习的。

第三，黄纪善于总结。每一次的学习，黄纪都能很细心地进行总结，了解自己的不足，发挥自己的长处，这也是黄纪获得成功的秘诀之一，因为这样的总结学习，能使他一步步获得成长。

总之，是学习使黄纪获得了成长。为什么会有这样的结论呢？我们一起来看看黄纪的成长轨迹，看看他的学习成长策略就能知道。

策略一　埋头苦干，做好教师

作为教师，黄纪对教育充满期待。黄纪刚刚参加工作时，是在一所农村小学当教师，但是他对未来充满期待。他深深感到自己作为一名教育工作者，责任重大，需要做的事情很多，需要执着、毅力与智慧。

黄纪从来没有因为自己在乡村小学工作而懈怠，而是兢兢业业，想教好学生，对学生负责，做好每一件事。

农村学校教学条件很艰苦，教学资源比较紧缺，比如，让学生做练习，教师就必须先出好题，用刻笔在蜡纸上刻好，再油印，很是麻烦。那时，黄纪的课余时间都是在“刻钢板”，学生们的每份试卷都是黄纪一张张刻写的，一个学期下来，都能叠起厚厚的一沓“钢板”试卷。但黄纪没有任何怨言，每一份试卷，黄纪都很用心去“刻”，并乐在其中。

要想做一名好教师，首要的问题就是要让学生很好地掌握知识。黄纪刚刚参加工作正是血气方刚、激情四射的时候，想要当好教师的愿望很强烈。黄纪除了在上课的时候和学生待在一起，其他时间也留在学校与学生一起学习，所以与学生的关系非常亲密。他们既是师生关系，也是朋友关系，学生有任何问题，无论是学习问题还是生活问题，都喜欢与黄纪交流。黄纪毫无疑问地成为这些学生最喜欢的教师。正所谓“亲其师，信其道”，学生的学习成绩也一步步地得到了提高。

但是，想要做一名真正的好教师，仅仅是处理好教学问题还不行，还需要做好学生工作，处理好“问题学生”的问题。作为教师，黄纪一直对自己说：“我期待孩子更加健康快乐！我期待校园更加美丽和谐！我期待教育最终令人向往!”黄纪带着强烈的使命感去做好教师，去做好教育。黄纪说，这将是他一生的追求。在黄纪参加工作的第一年，他遇上了一个名叫小辉的学生，他们之间发生了这样一件事情。

当时小辉是一名五年级学生，平时不爱学习，很是顽皮，也很叛逆。但是即便这样，他也会照常来学校，可是有一段时间，他每到星期四就不见了人影，根本就不在学校出现。黄纪发现这一情况后很着急，他觉得自己必须要做些什么！于是他决定“跟踪”小辉。结果他发现小辉居然跟一些社会青年混在一起，在聚赌的地方“打杂”。黄纪发现这一情况，既是生气，又是怜悯，但是并没有当场“揪出”小辉，因为他想用另外一个办法解决。

大家想，在那个年代，教师可是相当有权威的，黄纪完全可以把小辉拉出来，打一顿，骂一顿，好好教育一下。但是黄纪没有那样做，而是在事后找到小辉，首先平心静气地和他进行谈话，耐心教导他。其次在之后的日子里，黄纪更加关注小辉，甚至不惜牺牲休息时间与小辉待在一起。

除此之外，黄纪还家访了小辉的家长，在当时而言，此举在教师中比较罕见。黄纪希望家长能够多关心一下孩子，希望共同努力把孩子教育好。通过黄纪的努力，小辉的情况得到了一步步的好转，旷课的次数越来越少，学习成绩也渐渐跟了上来。黄纪的努力总算没有白费。

大家可能会想，为什么黄纪会采用这样一种与众不同的处理方法呢？虽然这种做法在现在很普遍，但是在当时，他不以权威压制学生，更没有打骂学生，还是很少见的，从中我们可以感受到，黄纪对学生的爱，是发自内心的。

试想一下，如果当时黄纪对小辉不管不顾，或者是采用“兴师问罪”的方式来教育小辉，小辉今天会变成什么样子？答案相信大家已经心中有数。

其实，在现实生活中，很多人都会遇到类似的问题。我们来举个例子，如做一份数学试卷，做到最后一道大题，我们往往会被“卡住”。这时候你是心浮气躁地解决问题还是平心静气地解决问题呢？理论上讲，你即使心急如焚甚至是掀桌子、撕试卷都无济于事，这道难题也不会因为你的这个样子而得到解决，你只有平心静气、一步步地尝试各种办法来解答，才有可能得到正确答案。

所以，当我们遇到问题的时候，可以学着寻找另一种途径去解决，或许就会“柳暗花明”，获得意想不到的效果。

但黄纪是天生就会使用这种解决方法吗？不是，他是通过学习而得来。

黄纪在小的时候，曾遇到过一位很严格的教师，甚至可以说是苛刻的教师。他对待顽皮的学生，不是打就是骂，甚至是羞辱。有一次，班上有同学上课的时候传纸条，被这位教师发现了。这位教师生气极了，恰好那时正在上毛笔课，于是就拿着毛笔在这位同学的脸上画了一个大大的“八”字，墨水沿着学生的脸颊流了下来，这个学生在众人面前显得不知所措。这一幕，始终没有办法在黄纪的记忆中抹去。黄纪在心里暗想，长大后我一定要当一名与他不一样的教师，我不会让我的学生讨厌学习，我要让学生爱上学习。黄纪当上了一名教师后，努力学习有关教育方面的知识，培养、丰富自己的教育教学技能，所以，即使他在教学过程中遇到问题无数，特别是“问题学生”，他都能很好地处理。

黄纪踏踏实实、兢兢业业地履行好教师的职责，努力扮演好自己的角色，不断地挑战自我、修炼自我、提高自我。但黄纪的目标并不仅仅是停留在乡村小学，他有更高的人生追求。有了明确的远大目标，就注定了黄纪要比别人更加辛苦与勤奋，他的学习之步不能停息。

在工作中，作为上级领导会遇到各种问题，其中团队的团结和谐是关键。有的领导为了显示自己的权威，遇到“刺头”往往会采取硬碰硬的办法，这样的结果往往难以尽如人意，最后搞得团队人心涣散。黄纪通过自己的努力，终于当上了年级组长，接下来，他又是如何处理工作中出现的问题的呢？为了队伍的团结一致，他又会采取什么样的策略呢？

策略二　上通下达，做好年级组长

黄纪由于出色的表现，不久就当上了年级组长。黄纪有个优点，就是无论在任何岗位，都能做到谦虚待人、脚踏实地，从来不会因为自己职位高而轻视别人，这也是他成功的一个缘由。

在年级组长这个岗位上，黄纪一直努力把工作做得尽善尽美，领导布置的任务，他总能很好地处理。其实，年级组长就是一个“双面人”，既要接受领导布置的任务，又要带领大家完成任务。要当好这个“双面人”可不是一件容易的事情。对于领导布置的任务，黄纪要尽力完成；另外，在接受任务之后，还有加强与大家的沟通，争取教师的理解和支持。这一年，黄纪的年级组长工作完成得非常出色，班级管理工作也做得很好。但是，事情总不会如人所想得这么顺利，在这期间，黄纪也遇到了一些棘手的问题。他又遇到了什么样的难题呢？

有一位老教师，平时在学校特立独行，很有个性，也算是一个难缠的人物。面对领导布置的任务，他虽能很爽快地答应，可是一转眼就不管不顾，继续做他自己想要做的事情。

那时候，学校不允许教师给学生进行有偿补课，当所有教师都停止这种做法的时候，这位教师却不为所动，依然我行我素。领导让黄纪处理这事，并汇报结果。在当时那种情况下，所有教师都看着黄纪，观望黄纪怎么处理。大家都在想，黄纪到底有没有这个能耐解决这个麻烦呢？到底有没有能力胜任年级组长这个职位呢？黄纪刚当上年级组长就遇到了这样一个颇有难度的挑战，是他没有预料到的。不过幸好黄纪有所准备，面对这样的情况，他沉着冷静，按部就班地积极解决，采取了以下两招。

第一招是耐心分析。耐心，于任何事情而言都是非常有效的。做事情如果缺乏耐心，就难以获得成功。无论对人还是对事，都必须有充足的耐心。黄纪面对这样一个“难搞”的教师，表现出足够的耐心，他没有对该教师严厉批评，更没有冷眼相待，而是找他谈话，给他进行耐心的分析：教育局查得严，一旦被查到，后果不堪设想，没有必要冒这么大的风险去做违规的事情，得不偿失，很不值得。该教师当时表示悔改，可是不久之后依然如故，进行有偿家教，对黄纪的劝说无动于衷。

当时，上级不断给他施加压力，要求他尽快解决该教师有偿补课的问题；其他教师也都在看着他，看他究竟如何处理这位教师的问题；而该教师又对黄纪的劝说置之不理，这让黄纪感到前所未有的压力。他陷入了沉思。一天，黄纪碰巧看了一档综艺节目，这期节目讲述了一个很不合群的孩子是如何成长的故事。其中讲了这样一段，这个男孩特立独行，比较孤僻，不喜欢听教师的教育，面对这样的学生，教师显得无可奈何。后来，一位教师发现了这个男孩的一个“秘密”，就是当所有学生与他在一起时，他就会比较乐意去做一些事情。所以，这个教师就巧妙利用集体的力量去影响、感化这个男孩，引导他遵守纪律，并慢慢地喜欢上学习。最后，这个男孩变得乐观向上，而且愿意听从教师的安排，变得遵守纪律了。

看到这里，黄纪就在想，无论大人还是孩子，他们都拥有同样的心理，我何不尝试利用集体的力量去影响那位教师呢？于是，黄纪想到了处理这件事情的第二招——集体影响法。就是利用集体的力量，去影响那位教师，使他认识到问题的严重性。黄纪专门找时间把年级组所有教师都集中起来，向大家传达了一个信息，希望大家团结一致，共同做好这位教师的工作。而且，这一次会议，所有教师都在讨论有偿补课的违法之处。在大家的劝说下，该教师似乎有所触动，再加上黄纪推心置腹的分析，他就没有再继续进行有偿补课了。这一下，黄纪“二战”成功，很好地解决了这个难题。显然，“三个臭皮匠，赛过诸葛亮。”歌德也说：“不管努力的目标是什么，不管他干什么，他单枪匹马总是没有力量的，合群永远是一切善良思想的人的最高需要。”所以，我们做事情，不要仅仅靠自己的力量，还要学会利用集体的力量，这样就会收到意想不到的效果。

学习箴言：不管努力的目标是什么，不管他干什么，他单枪匹马总是没有力量的。合群永远是一切善良思想的人的最高需要。

黄纪很好地解决了那位老教师有偿补课的问题，因此获得了领导的肯定。但是，黄纪回想起来，依然觉得自己有许多做得不足的地方。他反思自己：有时候是不是太过自信，以至于太过武断，而失去了一些同事的支持呢？

有了以上的反思，黄纪在接下来的工作中又会怎么做呢？他又将采取什么样的策略呢？

策略三　身体力行，做好主任

这一年，黄纪走上了教导处主任的岗位。他一直苦心经营，认认真真地进行教学研究和指导，他认真做事的态度受到领导的赞赏。但是，随着新学期的来临，黄纪又面临着一个巨大的难题，这个难题到底是什么呢？是什么让黄纪如此焦急呢？我们一起来看看。

这一天，黄纪像往常一样留在办公室办公，突然哐当一声，门毫无预兆地被撞开了。黄纪抬头一看，只见一个满脸怒气的中年人闯了进来。这个中年人到底是谁呢？他为什么会有如此举动呢？

这个人是小邓，他是这所学校的老教师了，平时不太爱与其他人交往，脾气更是古怪得很，许多教师都不太愿意接近他，认为他不太好相处。其实在刚刚进入这所学校的时候，小邓并不是现在这个样子，那时候的他，是一个阳光开朗的小伙子，很努力地工作，但因为一直没有得到领导的认可，慢慢地就没有斗志了。唐代文学家韩愈说："世有伯乐，然后有千里马。千里马常有，而伯乐不常有。"小邓或许就遭遇了这样的结果。为什么不被关注的人会越来越意志消沉，甚至自暴自弃呢？

举一个例子，一个学生平时学习热情高涨，每一次上课都是高高地举起他的小手，希望能被老师叫到。但是一直被教师忽略，从来都没有机会回答问题，更加不用说得到表扬了。大家想，在这种情况下，这个学生的学习热情会维持多久？这种不被人关注的滋味他能够忍受多久呢？事实证明，不被人关注、得不到机会表现的人，不管时间长短，他的积极性都会慢慢地被磨灭。同样的道理，不受关注、不被提起、不被表扬的小邓慢慢地就变成了今天这个样子。

所以，作为管理者首先得是一名"伯乐"，能够慧眼识出团队里的"千里马"，然后给他机会，培养他，只有这样，你的团队才能人才辈出。

学习箴言：管理者首先得是一名"伯乐"，能够慧眼识出团队的"千里马"，然后给他机会，培养他，只有这样，你的团队才能人才辈出。

我们回头再来看看，小邓怒气冲冲地把门撞开后做了些什么。他一进来，就把一张课程表摔在了黄纪的办公桌上，说："黄主任，您安排的课程似乎不太合理啊，我这里怎么会有两节课连上呢？两节课连上我的体力吃不消，你看这该怎么办？"他一屁股坐在黄纪的对面，等待黄纪的答复。

黄纪也算是见过世面的人，面对小邓的情绪，没有手忙脚乱，而是耐心地听他讲完，并耐心地给他解释。最后，黄纪答应帮他调一节课，事情才算摆平。

这次的问题是解决了，但是以后总不能都这样吧！难道整个学校的课程安排都要围着小邓一个人转吗？黄纪也不能总是妥协，否则对其他教师而言是不公平的，长期下去，肯定会引起大家的不满。黄纪决定采取措施来扭转这一局面，于是他做了以下三件事情。

第一，每到将要安排课程时，黄纪就先找小邓这个“麻烦”人物进行谈话，为什么要找小邓谈话呢？黄纪要先问清楚小邓这学期的课他想怎么上，让他先说说想法。这样做的目的就是为了课程安排出来后，小邓“无话可说”，能遵照安排执行。

第二，找小邓帮忙。帮什么忙？就是帮助黄纪安排课程，这样，小邓得到重视，能够提出意见，自然就对课程安排没有什么意见了。

第三，请小邓理解。有了以上两步还不行，必须要加上最后一招，就是请小邓理解自己工作的难处，这是打动人心很关键的一招。

这三招果然奏效，小邓在以后的课程安排中不再有怨言，而是认认真真地按学校安排开展教学。更让人刮目相看的是，小邓竟然变得很支持学校的工作了，特别是黄纪的工作，只要是黄纪说的话，小邓都无条件支持。在这里，我们可以看到，做领导，一定要做让人信服的领导，这样，你的工作才能令行禁止，效率才会事半功倍！正是由于黄纪“别出心裁”的措施，让小邓对黄纪彻底信服，也让他对黄纪这个人产生好感。从这之后，黄纪赢得了大家的支持，工作起来更是得心应手。

学习箴言：做领导，一定要做让人信服的领导，这样，你的工作才能令行禁止，效率才会事半功倍！

黄纪完美地给我们展示了他当教导主任的风采，也让我们了解到他一些为人处世的智慧。但是，在不同的人生阶段，我们都会遇到不同的难题，或许按原来的方式已经不能解决了，那我们就必须另辟蹊径，寻找新的解决方法。黄纪也是如此。在新的难题面前，黄纪还能想出什么解决办法呢？我们一起来看下一个策略。

策略四　统筹全局，做好校长

入职十多年后，黄纪终于走上了校长岗位。由于刚刚上任，一时难以转换角色，所以他还像以前一样，什么事情都往身上揽，什么事情都亲力亲为，时间久了，把自己弄得很被动。更令黄纪痛心的是，他的努力并未获得大家的认同，反而产生了很多闲言碎语。大家认为，既然校长什么事情都干了，还要其他人做什么，无事可做大家就待着呗。结果，学校的教职工越来越消极怠工，与此同时，心里还对校长不满，埋怨校长做事大包大揽。显然，以前的管理方式行不通了。

在这期间，发生过这样一件事，让黄纪意识到自己的管理方式是有问题的。

事情是这样的。办公室的李主任一直是前任校长的得力助手，可是黄纪一来，他基本就没事干了，因为黄纪把什么事情都干了。结果，李主任就有意见了，心想：我负责的事情做得好好的，一下子你把我的工作都做了，那我算什么？所以，李主任就找到黄纪，与他进行了一次谈话，告诉他这样的处理方式有何不妥，并表达了自己的不满。当时，黄纪还没有完全被李主任说动，虽然他自己也觉得这样做是有问题的，可是他还是一如既往坚持自己的做法。

直到有一天，有一位专家到黄纪所在的学校进行调研，发现了这个问题。这位专家对黄纪说："你们学校真奇怪，所有教师似乎都比较轻闲，显然大家的工作积极性不高，这是很危险的！"一语惊醒梦中人，黄纪这才真正意识到自己的错误。在这之后，黄纪逐渐"放权"，把工作分配下去，让几位副校长各自独当一面，各中层干部各司其职。一段时间之后，黄纪发现这种做法果然奏效，大家的工作劲头越来越强，他自己也感觉轻松了许多。但是不久之后，黄纪又发现这种管理模式也存在许多问题。

就在黄纪思考如何进一步完善教育管理模式时，他接到通知，要去某校进行考察学习。这一次黄纪是带着问题去考察学习的，所以他在考察学习过程中，获得了一些管理学校的感悟。

黄纪考察的这所学校给他印象最深的，是在这所学校无论是行政干部还是一般教师，大家的工作热情高涨，工作效率很高。黄纪决定向这所学校的校长请教。

这位校长是一个很和蔼的人，对于黄纪的疑问，他非常慷慨地表示愿意倾囊相教。经过这位校长的点拨，黄纪对如何完善学校的教育管理工作慢慢地心中有数了。在此期间，这位校长还给黄纪介绍了一本书，书名叫《掌控力》①，回去之后，黄纪就迫不及待地在网上开始浏览，书中有这样一段内容：

西汉时期，有一天，汉文帝在召见群臣以后，向右丞相周勃提出了一个问题："全国一年要判决多少案件？"

周勃说："不知道。"

汉文帝又问："全国一年要进多少钱粮？"

周勃又支吾着回答不出来，满脸羞愧。汉文帝转而又问左丞相陈平。陈平回答说："皇上要了解这些情况，请询问具体管理这事的官员。"

汉文帝问："那么到底去问谁呢？"

陈平说："皇上要知道全国一年判决多少案件，可以问廷尉（中央司法官）；关于钱粮的事，可以问治粟内史（中央管钱粮的官）。"

汉文帝紧接着问："按照你说的，各个方面的事都有主管部门的官员负责，那你管什么呢？"

这是一个单刀直入而又十分难以回答的问题，所有大臣都为陈平暗暗捏了一把汗，陈平却镇定自若地回答："我承蒙皇上看重，让我担任宰相。

---

① 吴宏彪．掌控力［M］．北京：北京理工大学出版社，2011.5.

宰相的职责就是辅助皇上，出谋划策，让天下风调雨顺，万物欣欣向荣。对外，使四方诸侯、外族都归顺朝廷，还要使各级官吏都胜任他们的职务。”

陈平一席话，说得汉文帝连连点头赞许。

领导干领导的事，是保证领导工作有计划、按步骤开展的一个重要因素。要做到“领导干领导的事”，领导干部就必须时刻记住自己的职责，把自己的精力集中在作为领导的责任上，而不让精力做不必要的消耗。

在领导工作实践中，领导干部主要精力要放在组织工作、指导工作、协调工作和教育激励工作上，抓该抓的，管该管的。

（1）组织工作要做到，把人员安排在适当的岗位，从事适当的工作，做到用其所长、人尽其力；把经费和物资按计划需要合理地分配，做到财尽其利、物尽其用；把各种信息及时、准确、完整地传送到各有关部门和单位，使工作横向联系加强，工作效率提高。

（2）指导工作要做到，领导干部指导下属用科学方法进行计划和实施，不断地提高下属人员的素质和能力，帮助他们克服各种困难，鼓励他们勇于开拓、大胆实践。

（3）协调工作就是领导干部和领导机关调整各级组织之间、上下级之间、人和人之间、人和物之间、人和任务之间的关系，做到综合平衡，上下团结一致、步调一致地按计划完成工作目标。

（4）教育激励工作是领导干部调动各级组织和每个成员积极性的重要手段。领导干部要不断地对每个下属进行再教育，提高他们的政治、业务、技术、文化水平，使之适应工作的需要。同时，也要不断地激励全体人员的士气，使他们正确对待本职工作和所完成的任务，把全部智慧和能力投向决策目标的实施之中。

作为领导，要做决定、担责任、应对如此复杂繁多的事情，时间对于他们来说真是最宝贵的财富。所以要求领导们要有强烈的时间观念和管理时间的本领，这样才能更好地发挥领导力。时间无形，亦无弹性，无替代品，租不到，借不着，更买不到，人们也不能用其他方法取得更多的时间。

时间一旦流逝，就永不回头了。而现在不少领导干部经常感到苦恼的就是：时间不够用，太忙。有些领导甚至每天工作十几个小时，但还是有许多事情处理不完。每天都在上演着“吃饭有人等，办公有人找，路上有人拦，睡觉有人叫”“白天下会海，晚上爬文山”的真人秀。

看到这里，黄纪若有所思。在学校事务的人员分工上，黄纪似乎有了一些想法。

回校之后，黄纪开始实施他的管理改革。黄纪决定，在今后的学校工作中，把工作进行合理安排，形成人人有事做、事事有人做的管理局面。在学校工作中，黄纪力求把学校相关工作人员的工作进行合理的分配，副校长、年级组、学科组等形成分工明确的工作系统，由点到面，层层分工。黄纪做了以下努力。

第一，实行行政领导值周制度。为加强教育管理，促进行政领导工作的连续性和整体性，实行行政领导值周制度。

第二，校务工作分配细致到位。黄纪带头制订一系列的工作安排，两位副校长一个管理教学工作，一个管理后勤工作，学校所有工作人员的具体工作都一一列举出来，形成一个细致的工作安排表，形成人人有事做、事事有人做的管理局面。另外，黄纪在年级组的工作方面下了很大的功夫，他要求年级组的工作必须有效、到位，年级组的管理必须要做到三个及时。

一是提出要求及时。在开学之初，就要求年级组管理要转变观念，年级组领导要主动承担责任，化解年级组矛盾。（1）要大力提高年级组领导的管理能力和管理水平；（2）年级组工作要有创新，而不是等待；（3）在年级组中大力开展教学教研活动，不断创新思维方式，在工作中不断总结经验；（4）年级组的管理工作要着重抓好学生的纪律、行为习惯、文明礼仪、学习态度等，促进良好的班风形成；（5）做好年级组相关工作，年级组领导要经常巡查班级，检查要细致，发现问题和处理问题要及时。

二是发现问题及时。在年级组会议上，及时指出一些班级在前段时间做得不好的地方，如有些班级学生听课不够认真；有些班级学生预备铃响了，还没回到教室；有些班级存在学生在课桌上、墙壁上乱写乱画的现象；有些学生佩戴红领巾不够整齐，穿校服不够整洁；有些班级学生纪律涣散，在教室、走廊你追我赶；放学后有些学生不排街队等。要求年级组领导和科任教师加强对学生的思想教育，特别是做好个别学生的教育；在校园实行“安全无间隙管理”；经常与家长保持联系，争取家长配合，共同教育好学生。

三是总结经验及时。黄纪要求定期召开年级组领导会议，总结前一阶段年级组管理工作情况，指出工作中的优缺点。做得不好的年级组要正视问题，找出工作中存在的不足和缺点，认真反思，认真总结，以便今后把工作做得更好。

在这样细致的工作安排以及严格的管理模式下，廉江市第三小学的管理工作越来越井然有序，领导干部以及教师的工作积极性明显得到提高。事实证明，黄纪的教育管理改革取得了成功。

黄纪的改变，大家都有目共睹，就连之前的李主任也不得不服。显然，黄纪在新的岗位上，没有令人失望，他能够做得很好。

黄纪在不断进步，在不断的总结与反思中进步，在不断汲取他人的优点中进步，正是因为这一点，他不断取得新的突破，获得新的成长。从黄纪的成长足迹中我们可以发现，无论是当教师、年级组长、教导主任，还是当校长，黄纪总能在反思中学习，学习他人的长处，一步一个脚印，踏踏实实地走到今天这个职位，获得别人的尊重。所以，我们应该明白，想要看到别人看不到的风景，就必须先努力攀登学习这座“山”！

黄纪不断地攀爬着学习这座“山”，并在山顶眺望远方，寻找教育管理中的灵感，这些都促使他一步步获得成功。黄纪的成功有规律可循吗？他的学习力究竟是如何获得的呢？到底有何诀窍呢？

第七章

学习力的三条“铁律”

在学习中，有的人一错再错，不断地重蹈覆辙，不能以有效的方法处理类似的事情，是因为他们没有掌握学习的规律。其实，任何事情都有其自身的规律，只有把握它，才能事半功倍，学习更是如此。黄纪在学习上就表现得非常出色，他把握了学习力的三条“铁律”，最终在事业上登上了一个又一个高峰。那么，在黄纪的亲身实践中，他口中所说的学习力的三条“铁律”是什么呢？他又是如何把握的呢？我们从中又能得到怎样的启发呢？

无论是工作还是学习，只有掌握其中的规律，才能事半功倍。历史上这样的故事不胜枚举，下面我们就来看一则家喻户晓的故事。

这一天，庖丁被请到文惠君的府上，为府上宰杀一头肉牛。只见他用手按着牛，用肩靠着牛，用脚踩着牛，用膝盖抵着牛，动作极其熟练自如。他在将屠刀刺入牛身时，那种皮肉与筋骨剥离的声音，与庖丁运刀时的动作互相配合，显得是那样和谐一致、美妙动人。他那宰牛时的动作就像踏着商汤时代的乐曲《桑林》起舞一般，而解牛时所发出的声响也与尧乐《经首》十分合拍。

站在一旁的文惠君不觉看呆了，他禁不住高声赞叹道："啊呀，真了不起！你宰牛的技术怎么会如此高超呢?"

庖丁放下屠刀，对文惠君说："我做事比较喜欢探究事物的规律，因为这比一般的技术技巧要更高一筹。我在刚开始学宰牛时，因为不了解牛的身体构造，眼前所见无非就是一头头庞大的牛。等我有了 3 年的宰牛经历以后，我对牛的构造就完全了解了。我再看牛时，出现在眼前的就不再是一头整牛，而是许多可以拆卸下来的零部件了！现在我宰牛多了以后，就只需用心灵去感触牛，而不必用眼睛去看它，我就知道牛的什么地方可以下刀，什么地方不能。我可以娴熟自如地按照牛的天然构造，将刀直接刺入其筋骨相连的空隙之处，利用这些空隙便不会使屠刀受到丝毫损伤。我既然连骨肉相连的部件都不会去硬碰，更何况大的盘结骨骼呢? 一个技术高明的厨师因为是用刀割肉，一般需要一年换一把刀；而更多的厨工则是用刀去砍骨头，所以他们一个月就要换一把刀，而我的这把刀已经用了 19 年了，宰杀过的牛不下千头，可是刀口还像刚在磨刀石上磨过的一样锋利。这是为什么呢? 因为牛的骨节处有空隙，而刀口又很薄，我用极薄的刀锋插入牛骨的间隙，自然就显得宽绰而游刃有余了。所以，我这把用了 19 年的刀还像刚磨过的新刀一样。尽管如此，每当我遇到筋骨交错的地方，也常常感到难以下手，这时就要特别警惕，瞪大眼睛，动作放慢，用力要轻，等到找到了关键部位，一刀下去就能将牛剖开，使其像泥土一样摊在地上。宰牛完毕，我提着刀站立起来，环顾四周，不免感到志得意满，浑身畅快。然后我就将刀擦拭干净，置于刀鞘之中，以备下次再用。”

文惠君听了庖丁的这一席话，连连点头，似有所悟地说：“好啊，我听了您的这番金玉良言，还学到了不少齐家治国的道理呢!”

在这个故事当中，庖丁对文惠君说：“我做事比较喜欢探究事物的规律，因为这比一般的技术技巧要更高一筹。”换句话说，因为掌握了规律，庖丁解牛才能如此熟练。庖丁在不断地实践、总结、学习后，才能掌握这样一手绝活，获得大家的赞誉。解牛有其规律，那么学习呢？根据黄纪的经历，我们来一探究竟。

抓住事物的规律，做事才能事半功倍。在掌握学习力的规律方面，黄纪就表现得特别好。我们看黄纪的经历以及他的教育管理就会发现，黄纪在处理很多事情时大都能科学决策，周密部署。这主要得益于他掌握了学习力的“铁律”。

掌握学习力的“铁律”，是一个人取得成功的关键。在当今社会，一个不会学习的人，是难以具有竞争力的，甚至还会面临被淘汰的命运。黄纪深深地懂得这个道理，所以在学习这方面他努力做到最好，不断地学习，不断地提高自身的竞争力，把握学习力的“铁律”，从而也把教育管理工作做得很有成效。下面我们就一起来看看在黄纪身上的学习力究竟有哪些“铁律”。

2013 年夏天，黄纪带领着他的团队展开了教研改革工作。多年的学习，让黄纪深刻领悟到科研对一个学校发展的重要性，于是黄纪在担任廉江市第三小学校长后，毅然决定开展教研改革工作，以改善廉江市第三小学的面貌，促进廉江市第三小学的发展。行动之前，黄纪做了许多准备工作，并召集他的下属开会讨论。这些人都是他的得力助手，其中有两人是这次教研改革工作的主要负责人，黄纪对他们寄予了厚望。黄纪做足了准备工作，仔细做了部署，等所有事情都安排妥当，他嘱咐下属养精蓄锐，准备来一场大的改革活动。在这些得力助手回去后，黄纪并没有休息，而是暗中做了一件事情——找了一个他信得过的人去监督他的下属的工作。

有人说黄纪这样做太过分了，既然决定把事情交给别人做，为什么还不信任他们呢？其实，这并不是黄纪不信任他的下属，而是在重大事情之上希望确保万无一失。认真对待每一件小事，这是成功者的一个必备品质。

接着黄纪做了以下几件事情。

第一，组建学习型教研团队。黄纪经常组织教师集体学习，不断提升团队成员收集、整理与运用知识的能力。大家在团队中共同学习，不断修正自己的教研行为，不断开发自己的潜能，全力实现共同的目标，打造一个真正意义上的学习型教研团体。另外，黄纪还让所有教师参加教研、教改，通过实践，让教师不断地获取知识、传递知识，不断地创新知识，进而增强团队自身的学习能力，最终达到改善教学行为、提高教育教学效率的目的。

第二，构建学习型学校教研组织结构。随着教育改革的不断发展，教师焕发出了极大的教研热情，教师自发性的教改活动在各地蓬勃兴起。然而，由于缺乏组织管理和规划，教师的教改活动各自为政，随意性大，加之缺乏理论支撑和具体指导，影响了教改的效果。为了引导教师的教改活动，促进教师教改能力的提高，让教改担当起科研兴校的重任，黄纪在廉江市第三小学成立了专门的教研室，主要履行如下职能：负责教改的规划和管理，对外联系专家，帮助教师提高教改理论水平和科研素养；组织课题研究，根据学校改革与发展的需要，立足本校，组织教师开展以应用性为主的课题研究；收集教育科研信息，组织教育理论的校本学习和研讨，宣传推广适合本校的教改成果等，为教师搭起教育理论与实践联系的桥梁；研究课程内容的有机整合，推广教育新观念，提炼教学新方法。

第三，采用有效的学习型教研方式。一是采用反思型的教研模式，促进教师的自我提高。通过听课—评课—再上课—再评课，力求促进教研工作有所发展；二是开展课题研究，促进教师在课题研究中成长。黄纪鼓励教师开展各种各样的课题探究，既可以是学校层面的团队性的课题研究，也可以是教师层面的个体自主研究。

这些措施实施之后，学校的科研工作蒸蒸日上，现在主持的省级课题共 3 项，市级课题多项，并取得了一个又一个的成果，学校的发展也越来越好。

通过这件事情，我们可以得到以下几点认识。

第一，黄纪无论是在工作还是学习上，都特别细心，也特别用心。

第二．黄纪不管是大事还是小事，都认真对待，强调细节。

第三，黄纪特别注重讲究方法，不打无把握之仗。

也就是说，工作中要想取得成功，必须要细心，必须要认真，必须要有策略。学习也是如此，如果在学习中粗心大意、投机取巧、毫无方法，是很难成功的。可以说，这就是学习力的三条“铁律”。

黄纪在学习上特别讲究掌握学习力的“铁律”，强调三个关键词：要细心、埋头干、讲方法。他认为这是做大事的重要品质，是学习的取胜之道。

正是因为黄纪的认真、踏实和灵活，才使得学校的科研成效显著，黄纪也获得了一个又一个的进步。那么，我们来分析一下，为什么这三条“铁律”是成功的关键？学习力的这三条“铁律”是如何炼成的呢？我们从中又能得到什么启示？

策略一　忌粗心，要细心

我们先来看这样一则故事。

1930 年 4 月，阎锡山、冯玉祥结成反蒋联盟，发动了讨蒋的中原大战。阎、冯两部预定在豫、晋交界处的沁阳会师，以求一举聚歼驻河南的蒋军。谁料想，冯的参谋在拟制命令时，误将“沁阳”写成“泌阳”，而河南南部有泌阳一地，与沁阳相隔百里。结果冯部误入泌阳，贻误了聚歼蒋军的有利时机，使阎、冯联军陷入被动，导致联合作战的失败。后人戏称这场中原混战是败在一撇上的战争。若不是这一撇之误，或许中国历史的部分章节就要改写。

通过这件事情我们可以看到，粗心大意是造成失败的一个重要因素。现实中，这样的事例并不少。因为粗心将题目看错，导致成绩低下；因为粗心，丢失了自己的贵重物品……所以，为人忌做粗心汉，学习应有绣花心。要想有所成就，就必须从认真开始，怀有认真的态度，具有认真的精神，脚踏实地，高效学习，方能取得进步。

学习箴言：为人忌做粗心汉，学习应有绣花心。

黄纪发现，无论是学习还是做事，都应该从认真开始。黄纪记得鲁迅先生曾说过一句话："中国四亿人生着一种病，那名称是马马虎虎。不医好这个病，是不能救中国的。"在现实生活中，学习、工作马虎、敷衍了事、粗心大意等现象很是普遍。那么，该怎样治好这个病呢？"应该学习认真，除去这一味药外，没有别的药了。"黄纪很赞同鲁迅先生的说法，并一直都亲身实践着。

黄纪把握学习力的这条铁律，一是受他恩师的影响，二是靠自己的领悟。我们来看看黄纪的恩师给予他什么样的影响。

在黄纪的印象中，对恩师的记忆始终是无法磨灭的，因为他对黄纪的影响实在是太大了。虽然时隔 20 多年，但黄纪对这位恩师的音容笑貌依然记忆犹新。

恩师有着渊博的知识，在他的知识宝库里，既包含了专业知识的"深"，又有非专业知识的"广"，他用自己的人格魅力深深吸引着他的学生们。这位教师上课从来不带课本和教案，两节课连上 90 分钟，总是娓娓道来、深入浅出、通俗易懂，如行云流水般，让黄纪佩服得五体投地。那时的黄纪就暗自立志将来一定要成为这样的教师——具有广博的知识和认真的工作态度。

中国有句话叫严师出高徒。严格的教师，能够培养出厉害的学生。这位教师认为，认真的学习态度对于学生而言至关重要。最简单的例子，学生在考试的过程中因为粗心大意看错题目或者看漏了题目要点，那考试的结果可想而知。这样的例子不胜枚举。

可是，为什么在现实中仍然有那么多人做不到认真呢？其实原因很简单，就是因为注意力不集中、缺乏责任心、没有毅力。很明显，认真学习要比敷衍了事多付出几倍的努力和坚持。这两种截然不同的态度也必将造成两种不同的结果，认真细致地学习，获得成功的概率较大；敷衍了事地学习，则鲜能成事。只有认真、细心、细致，才能学得到、学得好。正是有这样的认识，所以黄纪的恩师总是对他们有着非常严格的要求，非常注重培养他们认真的做事态度。

黄纪记得恩师的脾气一直很好，但是有一次老师竟然大发雷霆，把所有学生都批评了一遍。因为他发现学生做作业不认真，敷衍了事。这一次，老师给他们讲了许多道理，晓之以理，动之以情，让他们真正明白粗心的坏处以及认真的重要性。在那时起，黄纪就懂得了，无论做什么，都要认真对待。直至现在，黄纪都一直保持着认真的学习态度，以认真细致的态度去对待每一件事情。

黄纪就是因为有这样良好的品质，所以才能崭露头角。

黄纪在刚刚参加工作的时候，曾经参加一个市级教学技能比赛。在这个过程中，并没有旁人的指导，靠的都是自己自省自悟，但是在那样艰苦的条件下，黄纪竟然能够获得第一名，这是一件很难得的事情，毕竟黄纪只是一个农村小学教师。那么，是什么让黄纪能够发挥得如此出色呢？黄纪在参加比赛的过程中，因为没人给他指点，他就只能通过不断地观看名师的教学视频来学习，边看、边悟、边练，他不记得自己对着镜子练习了多少回，把教案修改了多少遍。黄纪就是通过这样认真的学习，把别人的东西融入自己的教学中，不断获得进步。如果黄纪没有认真的学习态度，只是粗心大意地敷衍了事，他能脱颖而出吗？答案很明显。

黄纪从中悟出，学习切忌粗心，要细心，这样才能不断地提升自我，进而取得成功。直到今天，黄纪仍然保持着这样的学习态度，不浮躁，不大意，认真细致。也正因为黄纪牢牢地把握住了学习力的这一“铁律”，才使得他在教育管理中显得得心应手。

很多人认为，当校长做好本职工作就可以了，不需要大费周章地学习了！很简单的事情，为什么还要去学习？其实不然，当校长更加需要学习，只有不断地学习，才能不断地充实自己，才有能力去处理教育管理当中出现的问题；只有认真学习别人的智慧，学习别人的优点以及长处，才能使自己的教育管理更加具有智慧。在黄纪的经验里，戒掉粗心的习惯，认真细致地去学习，总会得到不一样的启发，获得不一样的灵感。

举个例子，黄纪有个优点，就是平时无论多忙，每天都会抽空读一个小时的书。但是，他读书和别人不一样，他读书不是囫囵吞枣读完就算了，而是要细嚼慢咽，对于一些有价值的东西，总会很认真地写下心得体会。黄纪的这种学习方式，为他后来事业的成功打下了坚实的基础，也给他的教育管理增添了一笔靓丽的色彩。

在教育管理中，黄纪也不可避免地遇到各种各样的难题。有一次，学校领导班子就提名谁当教导处主任产生了激烈的争论，许多人支持黄老师，原因是他的人缘好，交际能力强，能够和大家打好关系；但是，黄纪心目中的人选是康老师。康老师是学校为数不多的重点大学的毕业生，思想比较活跃，专业水平比较高，上课很受学生欢迎。最主要的是，他在教学上敢创新，有见地，让黄纪很是赞赏。但是，康老师平时不太注意与人交往，人际关系处理得不是很好，因此就没有得到更多人的支持。黄纪希望人才各尽其用，但是似乎大家并不赞同他的看法。黄纪正在一筹莫展的时候，突然灵光一闪，想到了美国南北战争时发生的一个故事，他决定利用这个故事来说服大家。

在美国南北战争的时候，总统林肯决定任命格兰特为北部联军总司令，但是许多人都反对他的这个决定，他们认为，格兰特好喝酒，可能会因此误了大事。但是林肯坚持任命格兰特担任总司令，因为格兰特虽然好喝酒，但是他也有许多别人所不具有的优点与长处，如格兰特敢于冒险、富有责任心、富有想象力，更为重要的是，他敢于创造——创造战机、创造条件，创造性地完成别人完成不了的任务，结束并赢得了南北战争。事实证明，林肯是对的，这一任命成了南北战争的转折点。其实每个人都有优缺点，作为一个管理者，最重要的就是要努力地挖掘下属身上的优点，做到人尽其用。大家听完黄纪所讲的故事，并听了黄纪细致的分析后，最终统一了意见，同意提名康老师担任教导处主任。

大家想，如果黄纪没有足够的理由说服大家，大家会同意他的看法吗？显然是不可能的。没有黄纪平时的积累和认真学习就无法为他的管理工作打开局面。大家还可以假设，如果黄纪当时只是随意浏览，没有认真学习、领悟整个故事的内涵，他能对这个故事灵活运用并产生实效吗？也不可能。所以，学习忌粗心，应有绣花心，认真细致把握每个细节，才能有所作用。

学习箴言：作为一个管理者，最重要的就是要努力地挖掘下属身上的优点，做到人尽其用。

黄纪凭借工作的细致和认真，解决了一个又一个难题，使学校的教育教学管理越来越顺畅。接下来，我们共同看一看学习力的第二条“铁律”。黄纪是怎么做的？又能给我们带来哪些启发？

策略二　忌取巧，埋头干

有人认为，学习有很多方式，可以要点小聪明，不用花很多时间与精力也能学会。其实不然，学习需要有埋头苦干的精神，切记投机取巧，否则很可能弄巧成拙。

黄纪是个爱学习的人，他不仅向书本学习，而且还从身边的人身上学习。他很多品质的形成，就是受他父亲的影响。黄纪的父亲不是知识分子，只是一个老实本分的农民。但黄纪的父亲善于钻研，善于动脑，所以无论什么农活都做得很精细，是个种地的行家里手。同时，他还是一个心灵手巧的人，什么农具都会做，而且有一手漂亮的绝活，就是编竹器，手艺之精闻名家乡几十里。父亲对黄纪的教育，从来都是身教重于言教。

有一天，父亲正在编竹器，黄纪就安静地坐在旁边，看着父亲干活。这时，父亲开口说话了，他说："小纪，你说编竹器的要领是什么?"黄纪挠挠头说："编竹器不是挺简单的嘛，就拿一根竹子随便编编就行啦！不用怎么费工夫。"当时，父亲没有说什么，而是继续编他的竹器，编完了，他再问黄纪："现在你觉得怎么样?"看黄纪一脸茫然，父亲说："其实编竹器和学习、做人的道理是一样的，不能投机取巧，必须踏踏实实地把每一步做好，这样才有可能成功。你看这个竹器，如果我跳一步不编，或者少一点竹子，编出来的竹器肯定不行。"显然，父亲的这种教育，是想让黄纪明白，无论做人做事，都要脚踏实地，切忌投机取巧。黄纪在父亲的言传身教下，也成为一个务实认真的人。黄纪无论是学习，还是做事，都能尽自己最大的能力做到最好。

都说父母是孩子的第一任教师，这是很有道理的。在父亲的言传身教下，黄纪逐渐形成了良好的品格，学习认真、刻苦、努力。黄纪说："父亲是我成长的启蒙老师。"

后来，黄纪获得了成功，他成功的秘诀之一就是埋头苦干、脚踏实地。也正是因为这样，他的学习力得以不断地提升。下面，我们来看看黄纪是怎样做的。

担任廉江市第三小学校长以来，黄纪真心实意地凝心聚力，切切实实地为学校的发展创造最好的条件，为师生的成长搭建最好的平台。为了做好学校的管理工作，黄纪做了以下努力。

第一，文明先行。针对学生行为规范养成的参差不齐，黄纪提出了"生本教育，因材施教"的理念。在这种理念指导下，他提出以文明礼仪教育为抓手，构建德育工作体系，分家庭礼仪、学校礼仪、社会礼仪三大模块，要求学生从小处做起，逐渐养成文明的行为和良好的习惯。

第二，加强建设。借助"教育创强"的契机，配备齐全各功能场地和教室；另建南门，缓解学生上学、放学时的秩序混乱和安全压力；整治学校周边环境，使学校安全系数得以提高。

第三，以德立校。黄纪注重提升自我的人格和工作的能力，在与人交往中，做到顾大局、识大体、讲信用、要公心，使大家深深信服。

第四，善于“借力”。这个“力”包括外力和内力。外力有上级领导，有社会资源；内力就是赢得全体师生的信任、尊重和支持。内外结合，形成一股合力，促进学校快速发展。

作为校长，黄纪始终保持说到做到的风格，从不讲空话、套话、假话，总是一件件地做实事、真事。黄纪深知自己的职责是什么，明白学校要往何处发展，他找准了学校的定位，确立了前进的目标，使学校的教育教学工作有秩序、有新意、有突破、有成果。同时，黄纪立足本校实际，挖掘学校潜在的发展优势，找准学校发展的突破口，寻求积极有效的解决方法，使廉江市第三小学发展得越来越好。

在这里，我们看到了一个脚踏实地的黄纪，看到了一个埋头苦干的黄纪。正是由于黄纪埋头苦干的精神，决不投机取巧的品质，所以他的学习能力才得以不断地提升，事业才得以不断取得发展。

在有些人眼里，做事就做事，不用讲究什么办法，只要一直努力，就一定会成功。事实上，做事如果不讲方法，效率是很低下的。那么，黄纪又是怎样做的？我们从中又能获得怎样的启发呢？

策略三　忌低效，讲方法

我首先给大家讲这样一个故事。

古代有一个穷人，遇到一位能点石成金的仙人。仙人看他生活很困难，就将路边的石块变成金子送给他。但是穷人对这块金子不感兴趣，而是对仙人说：“您给我金子，我总是要用完的。您还是教给我怎么才能拥有您这种点石成金的方法吧！”这个故事的含义非常深刻。它告诉我们：金子固然宝贵，但更重要的还是获得金子的方法。引申到学习上来，就是知识和能力固然重要，但更重要的是获取知识和发展能力的方法。

如果一个人掌握了科学的学习方法，即使离开了教师，照样可以独立地去获取知识和增长能力，使自己适应科学技术迅猛发展的需要，适应学习、劳动和工作的需要。运用有效的方法进行学习，才能提高学习效果。

方法在教育管理中尤其重要，管理一间学校并非易事，必须懂得方法，才能事半功倍。管理学校如果生搬硬套，不讲究方法，是没有什么效率可言的。关于讲究方法实行教育管理，黄纪在这一点上做得非常好，我们举一个例子。

前面我们提到，黄纪刚刚上任校长时把什么工作都包揽了，让下属无事可做，自己却忙得不可开交，结果导致管理效率低下。后来黄纪经过细致分析，他学会了“放权”，终于扭转了局面，使学校管理工作走上了正轨。这次，黄纪来到的是一所新学校，面对陌生的面孔还有难以打开的工作局面，他是怎么做的呢?

黄纪首先派他的得力助手深入调研并做出一份详细的报告。

黄纪的得力助手进行一番调研后，向他汇报了具体情况，并提出了建议，经过讨论，他们拟出了一份详细的方案，来解决学校的一些教学问题。这期间，黄纪的助手给他提出了很多有效的建议，对于黄纪错误的地方，也敢大胆指正，从而避免了一些决策上的错误，所以，这个得力助手在黄纪的职业生涯中起到了很大的作用。

通过这件事情我们看到，作为一个管理者，培养一个工作上的得力助手，对你的事业发展将会产生很大的帮助作用。一个得力的助手，能使你的工作更加有效率，黄纪正是懂得了这一点，在工作中才会充分“放权”，把许多事情都授权给他的助手去做，这样，不仅工作分配得更加合理，而且效率也随之提高了。

学习箴言：作为一个管理者，培养一个工作上的得力助手，对你的事业发展将会产生很大的帮助作用。

现在我们再回过头来看看，在具体的教育管理中，黄纪是如何做到高效的呢？

为了最大限度地发挥学校领导班子及全体教师的积极性，以尽可能少的时间和体力获得尽可能多的效益，黄纪科学地开展管理工作，做了以下几件事情。

第一，公平、公正评优、评先。采取民主的方式，由全体教师投票推荐优秀教师、先进工作者，力求公平、公正。关于这些工作，领导与教师之间、教师与教师之间都取得默契，所以进展顺利。

第二，健全管理规章制度。如责任制度、考核制度、工作制度等，大家一起制订，一起修改，使之更完善、更科学、更合理。

第三，关注教师专业成长。教师在其职业生涯的每个阶段都有不同的需求，黄纪经常与教师沟通，帮助他们分析研究，并对教师的发展提出可行性的建议和意见，做教师的“教师”，做既懂管理又懂教学的校长。同时，他还努力为教师提供发展平台和阶梯式晋级机会。

这样一来，无论是学习还是工作，教师的积极性都很高，学校的教学质量也得到较大的提升。

在黄纪的信念里，无论做什么，都要讲究方法。黄纪学习讲究方法的秘诀有三。

秘诀一，端正学习态度。学习的态度决定学习的力度，学习的力度决定理解的深度。所以，你的学习态度最终将会直接影响你的学习效果。也就是说，如果你没有一个很端正的学习态度，那么你的学习也不会高效，学习的效果也会不尽如人意。所以，不管是做事还是学习，都必须端正态度。

秘诀二，明确学习内容。学习不能漫无目的，必须要对自己所要学习的知识、所要解决的问题有很清晰的认识。倘若你对学习的内容都没有明确，那么你的学习将是低效的，甚至可以说是无用的。就好比说在日常的学习考试中，你对将要测试哪一个单元的内容都没有清晰的认识，那么无论你多努力地复习，你的考试成绩也不会比有清晰的学习目的和明确的学习内容的人的成绩好。

秘诀三，学会总结反思。古人云：学而不思则罔，思而不学则殆。在学习中，必须要会总结、会反思，才能获得更大的进步。在黄纪的管理当中，我们就可以很清晰地看到这一点，在他的管理中，无论是做得好还是做得不好，他都会对自己进行一个评估，做得好的继续保持，做得不好的要认真进行总结、反思，并在认清问题的基础上再学习，有针对性地学习，所以黄纪的教育管理才会获得进步，才会越来越好。

黄纪这一路的成长，有着平坦的大道，也有着铺满荆棘的小路，无论是在顺境还是逆境，他都一如既往地坚持着他的原则。

首先，黄纪怀着认真的学习态度，借鉴别校的经验，结合本校的实际情况，制订了廉江市第三小学“科研兴校”的方针，认真落实每一项措施，不放过每一个细节，并且亲自监督实施的过程，确保科研工作得以有效地落实。

其次，黄纪在实施“科研兴校”这一方针以来，没有一丝懈怠，而是带领他的团队埋头苦干。他坚持学习，刻苦勤奋，不投机取巧，不断在学习中获得智慧，不断利用学习来丰富管理的知识。

再次，黄纪在学习中非常讲究方法，不是盲目地学习，而是有目的地挑选自己需要的东西，以提高学习效率。

掌握学习力的三条“铁律”，使黄纪在学校的管理中不断地获得进步，取得了一个又一个的成果。我们知道，黄纪是一个学习型的校长，那么，他是如何让学习来引领学校的发展的呢？他在此过程中又采取了哪些策略呢？

第八章

让学习引领发展

现代社会，人与人之间的竞争，学校与学校之间的竞争，关键在于学习能力的竞争。学习能力强，就容易取得长足的发展，反之则可能停滞不前。同样，学校也会因为遭遇困难和问题而难以发展，陷入发展的困局。作为学校的管理者，如果不能及时发现问题并找到解决的办法，就会使学校丧失发展的机会。当学校发展遭遇困难局面时，领导者首先要站出来想办法，在这方面，黄纪做得很出色。通过多年的理论学习与管理实践，黄纪掌握了一些“破困除难”的切实可行的办法，并取得了非常好的效果。那么，黄纪在引领学校发展方面究竟有哪些策略可供我们学习与借鉴呢？

黄纪认为，作为校长，就必须成为理想者、思考者、学习者和实践者。而一名合格的校长，必将是一名与时俱进的校长，是一名善于学习的校长。要做到这一点，一是要研究国家的教育方针，二是要思考当前的教育问题。黄纪说，作为校长，就要对学校的发展看得高一点，望得远一点，想得深一点，并一直为之践行。

在黄纪的信念里，就是要让学习来引领个人的发展，引领学校的发展。于是黄纪决定外出考察，学习别人先进的管理经验。也许在旁人看来，作为校长可以好好享受一下生活，不必这样奔波劳碌，但是在黄纪的心里从未有过这样的想法。他说，作为一名校长，如果仅仅求稳和守成是远远不够的，还要有一种热情和实干劲，要不断学习，开阔视野，丰富知识，提升自己。他说，校长一定要成为学校学习的“首席”。“学愈博则思愈远”，怀着这样的心志，黄纪一路前行。

时间飞逝，转眼间，黄纪担任廉江市第三小学校长已经有一段时间了。那段时间，黄纪兢兢业业，忙里忙外，工作十分忙碌。在一个夏日的午后，黄纪的手机铃声突然响起，这一个电话着实让他又惊又喜。作为一名校长，电话多是很正常的现象，为什么这一次让黄纪如此惊讶与兴奋呢?

原来，这个电话来自一个远方的朋友，是黄纪以前学习时认识的。这个朋友和黄纪一样，也是一名校长，但是黄纪喜欢尊称他为老师，因为他给予了黄纪许多启发和指导。黄纪能够走到今天，或多或少受到他的影响。这一次，这位老朋友要来黄纪所在的学校了，作为东道主的黄纪感到很兴奋。

这位老朋友如约而至，黄纪满心欢喜，带着他在市区转了一大圈，给他介绍当地的风土人情、文化特色。热情的款待让这位老朋友显得格外兴奋，但是，这位朋友难道只是来旅游的吗?当然不是，这一次的相聚，其实花了黄纪不少心思。黄纪自从担任廉江市第三小学校长以来，遇到的问题可谓不计其数。黄纪并不是无所不能的，他也有遇到困惑的时候，这一次就是他特意请这个老朋友出场，给他一些指点。

这也给我们做了一个很好的示范，在你感到迷茫，找不到方向的时候，要积极去请教别人，而不是自我封闭，否则只会让事情变得更加没有出路。我们来看这样一个例子。

李开复是一个特别喜欢请教别人、又能听取别人意见的人。他以前在苹果公司改组后接管公司的图形图像部门。当时部门里有一位年龄很大、在该领域很有影响力的高级研究员，对在李开复这样一个年纪轻轻又没有这方面研究经验的人手下工作，他感到很不服气。于是，他在工作中处处为难李开复，在部门开会时，他总是倚老卖老，反对李开复的所有决策，但是出于对长辈的尊重，李开复并没有当众给他难堪，总是以礼相待。但是这样也不是办法，总不能时时让着他，必须要想办法解决这个难题，于是，在左右为难的情况下，李开复决定去请教公司的一位资深副总裁。副总裁直截了当地告诉李开复："你太软弱了，做经理是要能够下狠心'开人'的。一个月之内，你必须开除他。"于是李开复开始用坚定、自信、严厉的态度对待这个老专家。傲慢的老专家发现他的挑衅不再起作用，慢慢有所收敛，后来他自愿离开了公司。

在这位良师的指导下，李开复顺利地解决了这个难题，在此后的工作中，这位副总裁也经常给李开复建议，令李开复终身受益。

其实，如果身边常有一些人可以给你提供建议和帮助，帮助你认识事物的真面目，帮助你认真反省自己，那么，你的成长速度一定会比别人更快一些。

黄纪深知这个道理。他说，别人就是一面很好的镜子，这面镜子能够从不同的角度照着我们，能够给予我们意见和建议，帮助我们发现自己的缺点和过失，启发我们解决难题。这一次，他在遇到困惑的时候，并没有垂头丧气，而是积极寻求别人的帮助，于是，他请老朋友来给他提一些意见，指导一下。

这位老朋友参观完廉江市第三小学后，对黄纪说了一番话，"点醒"了他。

"一所好学校，首先需要一种好的氛围，学校氛围好，教育管理自然也就好了。另外，一所学校想要得到发展，必须要有一个核心，你必须明白这个核心是什么，用什么来引领你的学校发展。”老朋友说道。黄纪听后，恍然大悟。现在需要做的是什么呢？又应该从何下手呢？黄纪陷入了沉思。面对这一次的考验，黄纪会怎么做？

事实上，一直以来，黄纪都从未停止过学习，也不曾有过一丝倦怠。他是一位善于学习的校长，与他交流时总会觉得他的想法独特新颖，让人听完之后觉得很“给力”。所以，为了更好地应对各种挑战，黄纪还是一如既往，坚持外出学习的“传统”。这一次，他来到了福建的一所小学进行考察学习，其中有一所学校令他印象非常深刻。

这所学校为了打造高品位的校园文化，在设计上进行了一系列大胆创新，这给黄纪留下了深刻的印象。这所学校是如何创新的？他们完全以儿童的视角看世界，由全校师生共同构思校园的整体设计，充分体现了校园环境建设的色彩多元化、内容多元化、声音多元化，彰显了可持续发展的精神和对传统文化的传承，让学生在这种环境下，处处能够感受到美，而且在亲身实践中感悟和体味可持续发展教育理念。另外，在楼道中还摆放了历史名人画像、张贴了名人标语等，让学生在“润物细无声”中受到教育。

令黄纪深受启发的另一个方面是关于校本课程的教学。在这所小学，校本课程不再是形式主义的设置，而是实实在在的落实。在这里，他们以课堂为突破口，将教学目标分为高年级和低年级两个学段，教师编写校本课程教案，并与校本课程教育读本相结合，从而保证了校本课程全员、全程、全方位的渗透教育。

在培养教师方面，这所学校十分重视教师科研能力的培养，注重教师的继续学习。学校提出了“两个不回避”和“四个真”，即不回避矛盾、不回避问题，知真情、说真话、办真事、做真人。在这样的氛围中，教师敢于提出真实的问题，形成了共同寻求解决问题的对策的良好局面。另外，为了鼓励教师积极参加课题研究，他们科学选人，合理分组，让不同年龄段和不同层次的教师都有机会参与。通过这样的方法，帮助教师更好地成长，让学习带动他们前进。

这一次考察，无论是在校园文化建设、校本课程开发方面，还是在教师专业发展方面，都给了黄纪极大的震撼，让他意识到自己与别人的巨大差距，他当时就下定决心：必须学习，必须探索，必须改革。

这一次考察学习过程中，有不少同行者也是校长，其中有位校长不断地给黄纪泼冷水："黄校长，您就别瞎折腾了，人家这所学校是什么水平？你的学校是什么水平？你就老老实实地按前任校长的做法，让学校不出乱子就行啦，不要搞这么多事情啦。"面对这位校长的"劝告"，黄纪没有生气，也没有泄气，而是更加努力认真地学习。他暗暗在想：我不可以被他看扁，我一定可以，而且必须可以。黄纪在鼓励自己之后，干劲更加十足了。

同行泼冷水并没有打消黄纪学习的劲头，反而激起了他的斗志，坚定了他的信念。黄纪通过学习，结合自己学校的实际情况，确定了新一轮引领学校发展的主题，就是"学习"，让学习引领教师的发展，让学习引领学校的发展。但想要打造一个学习型校园并不是一件简单的事情，那么，黄纪是怎么实施的呢？从中我们又能得到什么启示呢？

策略一　营造浓厚的学习氛围

我们知道，良好的学习氛围对于学习而言至关重要。假如一个班级的班风不好，课堂纪律差，学生之间也不团结，那么这个班的学习成绩肯定不会好。为什么呢？因为没有很好的学习环境，学生没有办法专心学习，学习成绩也就随之变差。反之，如果一个班级的班风很好，有很好的学习氛围，课堂纪律好，学生团结友爱，那么这个班级的学习成绩肯定也不会差。因为在这样的学习氛围中，耳濡目染，学生必然会受到好的影响，学习上也会更加努力。这也从侧面说明了为什么很多家长要想方设法把自己的孩子送到好学校、好班级的现象。因此，无论是班级建设还是教育管理，营造浓厚的学习氛围都尤为必要。

黄纪一直强调学校的管理应当刚柔并济：刚的是制度，不可触犯；柔的是关心，是交流。作为管理者，应该淡化要求，强化服务；淡化有形，强调渗透。也就是说，管理一所学校，建设合适的校园文化尤为重要，在一定的文化氛围的熏陶下，师生的精神面貌会变好，整个校园也会显得生机勃勃。说到这里，我们一起来探讨一下黄纪产生这种想法的原因。

一天，黄纪刚踏进校园，迎面走来了一个小女孩，女孩笑得很灿烂，她很自信地走到黄纪身边，然后鞠个躬，说："校长，早上好!"小女孩的一句问候，让黄纪一天的心情都非常好。学生问好，这不是很平常的事吗？黄纪至于这么开心吗？在外人看来，确实是没什么好开心的，但是到了黄纪这里，事情就变得不同了。黄纪刚来到这所学校的时候，学校的条件很差，学生也格外没有自信。他至今还记得，那时他刚到这所学校，有一次也是在校门口与一位小男生相遇，可是这个小男生显得很不自在，在经过他身边的时候，低声向他问了一声好，就跑开了。当时，这件事让黄纪触动很大，他认为，营造良好的校园环境非常重要，无论是学校的发展还是师生的学习、成长，都需要一种良好的氛围。经过深思熟虑，黄纪在脑海中形成了初步的想法——决定营造适合师生学习与生活的校园文化氛围。

根据学生的实际情况，黄纪首先从校本课程着手，经过讨论，决定将学校的校本课程确定为"文明礼仪"。黄纪要求每个年级每个星期必须安排一节文明礼仪课，并在每个学期进行"文明礼仪标兵"评选。除此之外，黄纪还决定开展一些有关文明礼仪的大型活动，以调动学生的积极性，使学生受到潜移默化的文化熏陶，成为懂礼仪的人。

为了营造浓厚的学习氛围，黄纪做了一系列的努力。他提出，要让热爱学习成为常态，用学习引领发展，积极推进学习型校园建设。基于此，黄纪做了以下几件事情。

第一，搭建学习平台。扩建图书馆，保障图书馆的购书经费，争取所有资源向全校师生开放；同时，创办校园刊物，以此为平台，促进广大教师与学生多读、多写、多思考；另外，有效整合学校的各种资源，高密度、广覆盖地开展教师专业培训以及学生课外活动，鼓励教师和学生多学习、多思考。事实证明，这一项措施很有效果。

现在，踏进廉江市第三小学，你可以看见无论是教师还是学生，个个都精神抖擞，充满斗志与学习的热情。图书馆总是有许多人来借书，也有许多人在图书馆里静静地读书，或者安安静静地坐在那里写一些感想或随笔。校园刊物自创办以来，投稿的人越来越多，稿件的质量也不断提高。整个校园都呈现出欣欣向荣的景象。

第二，树立学习典型。黄纪决定在教师队伍中开展“共享式学习”“竞技式学习”和“探究式学习”，同时树立典型来引领学习，坚持榜样带动、典型推动。黄纪还一如既往地坚持“外智”促动，组织教师带着问题“出去”，带着思路“回来”。

针对学生，黄纪所在的学校也组织开展了丰富多彩的学习活动。通过读书活动、征文演讲、主题班会、民族传统节日教育等形式，寓教于乐，提高学生的学习兴趣，让学生爱上学习。

第三，打造文化校园。在校园内增设文化长廊，给教师与学生提供学习交流的地方。各个走廊各具特色，有名言警句、艺术知识、主题活动、双语科学、师生作品等，不仅注重艺术，更注重内涵，突出现代意识与传统特色的融合，富有韵味。

有人说，低层次的管理是团伙式管理，中层次的管理是制度化管理，高层次的管理是文化管理。文化管理是指在一定的精神引领下，使每位教师与学生都有着为实现共同目标而为之努力奋斗的热情，教师因此而成长，学生因此而向上，学校的品牌因此而形成。在廉江市第三小学，无论是校门口还是宣传栏，无不彰显着学校的文化管理。

学校实施这些措施之后，学习型学生、学习型教师、学习型校园初具规模，取得了较好成果。在学校有了浓厚的学习氛围后，黄纪又提出了新的要求，他要求大力开展教科研活动，用科研带动学习。为此，他又采用了什么样的策略呢？

策略二 重视教科研工作

自新一轮基础教育课程改革以来，为了准确而又积极稳妥地践行新理念、推进新课改，全面提高教育质量与办学效益，黄纪带领团队确立了“科研兴教——全面提升学校品质和内涵”的办学方略，组织、开展了一系列旨在促进教师专业成长和不断提高学生综合素质的课题研究活动，其中“建设小学科研团队策略的研究”获国家“十二五”科研规划重点课题立项，“小学语文高年级‘互助学习型’课堂教学模式研究”获省小课题立项。黄纪及其团队在以下几方面做了努力。

第一，建立健全教育科研管理机构，保障教育科研有序进行。设立以下三个机构：一是教育科研领导小组，由校长任组长，主要负责规划、设计教育科研课题，管理全部过程，并筹措经费；二是教育科研工作小组，由主管领导任组长，负责组织落实各项教育科研活动；三是聘请专家指导，为全校教育科研及教育教学提供指导，保障研究的科学性、前瞻性、实用性。

第二，有机实施学科教育科研，促进教师专业发展。学科教研组根据课堂教学实际，积极开展学科教育科研活动。如语文组开展了“语文课堂教学中学生创新思维的培养”课题研究，数学组开展了“小学生数学计算能力的培养”课题研究。研究中，他们就课堂教学中师生地位的界定、师生互动方式的革新、媒体参与辅助学习的时机和如何渗透及培养学科创新精神等问题，进行了反复尝试、改进、验证与总结，初步形成了“在学科课堂教学中，教师要科学创造自主合作学习环境氛围，创设学生‘质疑、生趣、提问’情境，灵活实施师生互动沟通，积极参与合作学习，巧妙诱发学生创造性学习动机”等理性认识，促进了教师对新课程理念的感悟与认识，为引导教师顺利突破旧的课程教学模式，全面、顺利地实施新课程，起到了积极的促进作用。

第三，开展现代教育技术与课程整合教学尝试，促进学生学习方式的更新与学习能力的提升。现代教育技术媒体是课堂教学重要的辅助手段和载体。它在教学中是否用得越多越好？如何开发、应用现代教育技术媒体，使之更好地服务于新课程的教学，促进学生学习方式的更新与学习能力的提升？经过不断的实践与研究，教研团队总结出，“小学课堂教学中课件的应用应紧贴学生思维特点，要将教学内容化抽象为直观，化复杂为简单，以利于学生学习兴趣的培养与形象认知的发展，促进学生学习方式的革新与学习能力的提升”。

学校以课题研究、科研活动为基点，促使教师不断学习，从而不断提升教师的教科研水平。除了以课题引领之外，黄纪还要求学校平时也要开展形式多样的教研活动。

第一，推行集体备课活动。年级组统一集体备课的时间，制订集体备课制度，研讨教材的处理、教法、学法指导等，做到定时间、定地点、定负责人，有研讨、有记录、有检查、有反馈。

第二，精心组织理论学习和专题研究。一是学期初由教研组组织集中学习、讨论一篇教育经典文章或有关学科教学经验的文章；二是学期中由各教研组组织，由一名教师提供一个教学案例或根据教育实践反思而成的教学后记，然后进行集体交流与探讨；三是根据名师录像课谈体会，或针对某位教师提出的教育问题，由全体教师进行专题研究。为了帮助教师加强业务学习，提高理论水平，学校每年拨出专项经费为教师订阅专业书刊，开展专题研究活动。

第三，打造教师明星。举办“校本教研活动周”，开展名师课、研讨课、汇报课等活动，鼓励教师参加各级教学大赛，促进一批优秀青年教师迅速成长。

在学校大力鼓励教科研的氛围下，全校教师的科研热情日益高涨，对学习的需求也日益增加。打造学习型校园，黄纪取得了初步的成效，但是距离实现“让学习引领发展”这一目标还有一定的距离，在这种局势下，黄纪又会想出什么具有针对性的策略呢？

策略三　打造学习型团队

如何打造学习型团队？黄纪在研读贾红的《中小学学习型教师团队建设研究》时颇有启发。

从学校组织外部来看，社会各界都对学校教育寄予厚望，也在最大限度地支持学校教育事业。社会各界及学校自身都对教育成功充满期待，只有学习型组织才能有效满足社会各界的需要，在教育改革愈演愈烈的时代，构建学校学习型组织成为最佳选择，是学校组织管理和发展的真正需要。从学校组织内部来看，组织成员都有自我实现的需要，在工作的过程中需要有鼓励和支持才能最大限度地发挥自己的能动性，挖掘教师的潜力，离不开学习型组织的共同愿景和支持，也需要组织的团队学习带给每个人鼓励和肯定，而学校合理有效的评价机制，也将有效地激励教师积极努力地工作。

黄纪懂得打造一支学习型团队的必要性与紧迫性，因此，他坚定了自己的教育管理改革目标——打造一支高水准的学习型教师团队，让学习引领学校的发展。

在备受怀疑、不被人看好的情况下，领导者能坚定地保持自己的立场很重要。领导者所做的每一个决定，如果是正确的，就要坚持下去，即使受到别人的质疑，也不能轻言放弃；即使前方布满荆棘，也要热血沸腾，充满斗志。

黄纪虽然在廉江市第三小学的任职时间不长，但他很快进入了“状态”，盘活了学校的各种资源，带动了学校发展。这一次，黄纪决定实施以“以老带新”为主要形式，着眼培养青年教师的“一帮一工程”，打造学习型团队，提高教师的整体竞争力。这就意味着教师要付出加倍的努力，特别是老教师，还要担负起指导新教师的责任。于是，有些老教师就犯嘀咕了：“凭什么让我这么辛苦？这样做也不见得我的报酬会多一些。”

其中，有一位老教师的抱怨声尤其高。

这位老教师教学经验丰富，教学水平也比较高，但是比较特立独行，不喜欢被各种条条框框约束，只有自己喜欢做的事情才乐意做，不喜欢做的事情谁也强迫不了。面对黄纪要推进的“一帮一工程”，他首先表现出极大的质疑，不愿意配合学校的工作。还向其他教师大肆发表他的言论，怂恿其他教师和他一起反对黄纪的这一举措。他认为，黄纪这样做，不但浪费人力和物力，还扰乱学校的管理秩序，所以他反对黄纪的这一做法。

面对这位教师的“挑战”，黄纪是怎样做的呢？黄纪并没有因为这位老教师的质疑而放弃自己的做法。通过多年的学习与实践，黄纪认为这一举措肯定有利于学校和教师的发展，所以，黄纪决定以身作则，亲自参与此次活动。

黄纪为什么要亲自去做这样一件事呢？因为作为领导，以身作则尤为重要。黄纪在别人不相信自己、质疑自己的时候，并没有退缩，而是选择了坚持自我，坚持自己所做的决定，进行“自我求证”。

在重大的事情面前，要记住，你是属于你自己的，没有谁能代替，别太在意别人说什么，你要自己拿主意，要做自己的主人！如果别人说你几句，你就怀疑自己，怀疑自己所做的决策，那你将一事无成。面对别人的怀疑与不配合，你所要做的，除了反思之外，就是要用事实、行动来证明你的决定是正确的。我们来看这样一个故事。

美国著名女演员索尼亚的童年是在渥太华郊外的一个奶牛场里度过的，当时她在农场附近的一所小学里读书。

有一天，索尼亚满脸泪痕地回到家里，父亲问其原因，她断断续续地说：“班里的同学说我长得丑，还说我跑步的姿势难看。”父亲听后并不说话，只是微笑。

忽然，父亲说了一句话：“我能摸得着我们家的天花板。”索尼亚听后觉得很惊奇，不知道父亲想说什么，于是停止了哭泣，反问道：“你说什么？”

父亲又重复了一遍：“我能摸得着我们家的天花板。”

索尼亚仰头看看天花板。父亲能摸得到将近4米高的天花板？她怎么也不相信。

父亲笑笑，得意地说：“不信吧？那你也别信你同学说的话，因为有些人说的并不符合事实！”

索尼亚明白了，任何事都不能太在意别人说什么，只要按自己的想法去做就可以。

在索尼亚二十四五岁的时候，她已小有名气。有一次，她要去参加一个集会，但经纪人告诉她，因为天气不好，只有很少的人去参加这个集会，会场的气氛有些冷淡。经纪人的意思是，作为新人的索尼亚，应该把时间花在一些大型的活动上，以提升自身的名气。但索尼亚坚持要参加这个集会，因为她在报刊上承诺过要去参加。

结果，那次在雨中的集会，因为有了索尼亚的参加，广场上的人越来越多，变得热闹起来，她的名气和人气因此骤升。

索尼亚坚持自己的想法，坚定自己的立场，所以她获得了成功。

现在，我们回过头来看看黄纪的做法，实际上也是在坚持自我，坚持自己正确的做法。黄纪首先带头示范，亲自指导一位年轻教师小林。

小林是新来的教师，学历不是很高，也没有什么教学经验，但他是一个勤学好问的人，黄纪的“一帮一工程”给他提供了很好的平台。黄纪成为小林的师傅，这对他而言，是一件值得庆幸的事情。

在黄纪的指导下，小林通过自己的努力获得了成长，不仅教学技能得以提高，而且教学质量也大大提升。小林的公开课博得了听课者的一致好评，他不仅获得了“市小学数学教学能手”称号，撰写的教学论文也获得了市级三等奖。

小林能够在短时间内获得这些成绩，十分了不起，这些都得益于黄纪的“一帮一工程”。在黄纪的亲自示范与实践下，许多教师开始信服他，教师们肯学、乐学、乐教，大家结对学习，共同探讨教学问题，在学习中互相促进，共同进步。显然，“一帮一工程”的实施，使打造学习型团队取得了初步效果。

除了“一帮一工程”以外，黄纪还实施了多项措施，力图打造一支具有较强竞争力的学习型教师团队。

“授人以鱼，不如授人以渔”，意思是说你给一个人一条鱼，只能保障他一时的温饱，你只有教会一个人钓鱼，才能使他一辈子不会挨饿。作为团队领导，不但要自己会“钓鱼”，还要教会团队成员“钓鱼”。因此，黄纪要求领导班子成员每人至少与一名青年教师结对，指导他们学会教学、学会教研、学会学习。

学习箴言：作为团队领导，不但要自己会“钓鱼”，还要教会团队成员“钓鱼”。

除此之外，黄纪还下大力气搭建硬件平台，注重完善学习制度。为提升教师的教育理论修养，拓宽教师的教育视野，提高教师的教育水平，打造一支高素质、专业化教师队伍，黄纪全面推行了“强师工程”。要求教师每周至少用一小时进行业务学习，做记录，写心得，谈体会；积极参加继续教育培训，如计算机培训、骨干教师培训、创新思维方式培训等；实施互听互评课制度，为教师提供学习、交流和研讨的平台，创设浓郁的研究氛围，有效地引导教师自觉更新教学理念，学习先进的教学方法，打造优质课堂。教师在交互式讨论、开放式探究中，既检讨了自己的不足，又分享了别人成长的经验，提高了反思能力，自觉调整教与学的行为，提高了课堂教学效率。

对于教师来说，培训是最大的福利。教师通过培训获得了新观念，充实了新知识，开阔了新视野，他们都非常高兴。他们相信，只要坚持下去，教学水平一定会有所提高。

但这一措施实施之初并不顺利，曾经一度受到副校长的阻挠，他认为黄纪是在浪费时间、精力以及金钱，所以不愿意配合黄纪的工作。对此，黄纪是如何做的呢？

黄纪“先下手为强”，派副校长带队，带领一些教师去一所学校参观学习。他们回来后，黄纪召开了总结会议。会上，黄纪让所有人汇报这一次外出考察学习的心得，其中也包括副校长。当副校长总结完后，黄纪抓住时机，给大家讲了外出学习考察的重要性，并表扬副校长，对他总结的一些观点表示肯定。在众多人面前受到黄纪的肯定，令副校长心里很舒畅，对黄纪的措施也没有之前那般反感了，反而觉得那是一件好事，开始支持黄纪。

一个团队只有有了共同的愿景，做事才能事半功倍。想要打造一个学习型团队，获得大家的认同至关重要。黄纪通过努力，获得了大家的支持。

黄纪始终坚信，学校要发展，就要不断更新观念，努力打造学习型团队。在黄纪的努力下，学校的学习型团队正在逐步形成，离他制订的目标似乎又近了一些。

黄纪不是天才，但是他有一点值得我们每个人学习，就是肯学、愿学、乐学，无论何时，始终都没有放弃过学习，这就是黄纪能走在别人前面，不断取得进步的一个重要原因。

第九章

拥有学习力，开启成功之门

我们经常可以看到，有些人凭着深厚的资历，常常被领导委以重任。可是担当重任后，这些人做事屡屡达不到领导的要求，甚至频频出错，结果导致领导对他失望与怀疑。在这方面，黄纪就非常警惕。在担任校长职务期间，黄纪也遇到了形形色色的考验，但是他始终坚持学习，以较强的能力解决了一个又一个难题，既展示了他超群的学习力，又赢得了领导的认可与信任。那么黄纪是怎样做到这一点的呢？

在工作中，领导往往会对资历深厚的人委以重任。然而有的人在领导授权之后就安于现状，懒于学习，不能与时俱进，竞争力逐步下降，长此以往，不仅事业止步不前，也会引起领导的不满，甚至给学校的发展带来不利的影响。那么，当我们被委以重任后，我们应该怎样做才能不负重托，才能不断提升自己呢？在这方面，黄纪就很了不起，他在接受每一项任务之后，都能很好地完成。究其原因，是因为他拥有很强的学习力，能够不断学习新知识，掌握新技能，从而顺利地解决一个又一个难题，从而赢得了领导的高度信任，也为自己打开了一扇通往成功的大门。那么，黄纪究竟是怎样做的呢？他有什么高招？我们能从中得到怎样的启发呢？讲述之前，我们先来看这样一则故事。

20 世纪 30 年代初的美国芝加哥，有一个无业游民叫巴比克。一次搬家时，他不慎将祖传的一只瓷器打碎了。这是一件很珍贵的古玩，巴比克捧着那些碎片，心疼得不得了。好在他心灵手巧，当即将碎片重新收拾起来进行黏合，但美中不足的是，裂缝还是能够用肉眼看得出来，而且黏合得也不牢固。巴比克不甘心，他决定找到一种更好的黏合剂来解决这一问题。

巴比克跑遍了整个市场，都没有找到让他满意的产品，很失望。于是他决定自己动手，制作出更好的黏合剂。他从传统的树胶、角胶、蛋清入手，先后试用了近百种胶液，进行了上千次试验，他不断学习，不断研究，终于，历经 3 年多时间，他成功地将那只打碎的瓷器黏合到满意的程度，不仅用肉眼无法分辨出裂缝，而且黏合得相当牢固，跟原来的几乎一模一样。正因为掌握了这手绝活，5 年之后，由巴比克开办的 BBK 黏合剂公司成了芝加哥最有影响力的大公司之一。

每一项伟大的发明诞生之前，都有貌似高不可攀的难度。但唯其有难度，才成就了高度；只有能够站到高处的人，才有机会看到生命里更美的风景。而有志之士往往会选择迎难而上。这个迎难而上的过程，就像爬山，尽管高处不胜寒。

黄纪和巴比克的相似之处就在于他们都拥有很强的学习力，他们比别人更加努力地学习，不畏艰辛，执着向前。所以，他才可以一步步走到今天这个位置，成为一名校长。假如黄纪从一开始就懒懒散散，不愿意努力学习，今天还能当上校长吗？答案肯定是不可能的。

可见，学习力是开启成功之门的一把重要的钥匙。我们再来看一个典型的例子。

张衡，东汉建初三年（公元78年）出生在现在的河南省南阳市的石桥镇。从小就勤奋好学，加上天资聪颖，很早就闻名乡里。据史书记载，张衡10岁时就“通五经，贯六艺”，过目成诵。他兴趣很广泛，常常涉猎自然科学方面的读物，而且写得一手好辞赋。

一天，张衡从一本诗集里读到四句诗，描述了北斗星在各个季节傍晚时的变化：“斗柄指东，天下皆春；斗柄指南，天下皆夏；斗柄指西，天下皆秋；斗柄指北，天下皆冬。”他觉得这太有意思了。天上的繁星闪烁，有的像箕，有的像斗，有的像狗，有的像熊，它们的运行轨迹有怎样的规律呢？于是张衡又通过参考别的书籍画成了天象图。每夜只要没有云彩，他就默默地对着天象图仔细观察夜空。广袤的星空有多少难解之谜呀！他观察着、记录着、思考着，他的脑袋里装满了各式各样的问题，充满了五颜六色的幻想。后来，他发现那四句诗描述得不够准确，事实上斗柄早春指东北，暮春却指东南。

少年时代对日月星辰的观察，激发了张衡努力探索天文奥秘的决心。渴求知识的张衡总是感到自己知识的不足，17岁时，他辞别父母，独身一人到外地访师求学。在古都长安，他游览了当地的名胜古迹，考察了周围的山川峻岭、物产风俗和世态人情。在当时的京都洛阳，他结识了不少有学问的朋友，其中有一个叫崔瑗的人，精通天文、数学、历法，还是一位很有名气的书法家。张衡经常登门向他求教，和他一起探讨天文的奥秘。正是由于张衡这种虚心好学的精神使得他在各方面都获益匪浅。

后来张衡两度出任中央政府专管天文的太史令，在这方面取得了辉煌的成就。其中最有名的发明就是地动仪。

古时人们都把地震看作不吉利的征兆，认为是鬼神造成的。张衡却不信神邪，他通过对记录下来的地震现象细心的考察和试验，发明了一个能测出地震的仪器，叫作“地动仪”。

地动仪是用青铜制造的，形状像一个酒坛，四围铸着八条龙，龙头伸向八个方向。每条龙的嘴里含着一颗小铜球，龙头下面蹲着一只张着大嘴的蛤蟆。哪个方向发生了地震，朝着那个方向的龙嘴就会自动张开来，把铜球吐出。铜球掉在蛤蟆的嘴里，发出响亮的声音，就说明那个方向发生了地震。

公元 138 年 2 月的一天，地动仪正对着西方的龙嘴突然张开来，吐出了铜球，这是报告西部发生了地震呀。可是，那天洛阳一点地震的迹象也没有，更没有听说附近有什么地方发生了地震。于是，朝廷上下都议论纷纷，说张衡的地动仪是骗人的玩意儿。过了没几天，有人骑着快马来向朝廷报告，离洛阳一千多里的金城、陇西一带发生了大地震，连山都崩塌下来了。大家这才真正信服了。

张衡的这些科学发明和实验在我国科学史上留下了光辉的业绩。他的名字被载入史册，获得了后世的赞誉。他之所以能够有如此成就，原因就在于他拥有超强的学习力，对知识充满渴望，敢于创新。那么黄纪呢?

经常有人纳闷，为什么黄纪不仅能与人畅谈历史、政治、数学，而且对教育管理也具有敏锐的洞察力。所有这些，都是他努力学习的结果，强大的学习力成就了他的见多识广、学识渊博。

或许是受家庭的影响，或许是出于个性的原因，黄纪从小就有着很强的求知欲，热爱学习。考入师范学校之后，黄纪一下子就坠入了知识的海洋，他总是很认真地听课、做笔记，积极与老师探讨问题，图书馆成了他最喜欢去的地方。由于兴趣广泛，黄纪涉猎了很多书籍，获取了多方面的知识，可以说，在师范学校学习期间，他就形成了较强的学习力，这为他日后从事教育管理工作打下了坚实的基础。

踏上工作岗位后，即使遭遇了诸多困难，但黄纪对学习始终如一，从来没有产生过放弃学习的念头。也正是因为这一点，他赢得了比别人更多的机会，在各种比赛中获得许多荣誉，也渐渐崭露头角，被众人所熟知。

凭借着强大的专业能力、严谨的理性思维和不断的努力学习，黄纪从一名普通教师走上了管理岗位，很快又当上了校长，可以说是年轻有为。

因为有较强的学习力，黄纪的各方面能力也得到了很大的提升，促使他不断登上更高的人生台阶，这一路走来，黄纪始终没有离开过“学习”二字。学习，在很大程度上成就了他。即便已经当上了校长，他对自己的要求依然很严格，学习依然是他生活的“必需品”。

也许有人认为，能当上校长，证明各方面都已经很强了，学习可以搁一搁，好好享受一番。但是黄纪从来没有这样的想法。

自黄纪担任廉江市第三小学的校长开始，领导就对他寄予厚望，希望他能够把一个旧城区小学打造成一个教育新高地。黄纪不负领导的期望，几经努力，终于让学校有了很大的变化，赢得了社会的认可。

为了提高教学质量，黄纪做了许多努力。他另辟蹊径，提出来一个个可行的措施，并且努力落实。在这个过程中，黄纪始终乐此不疲，在学习中获得快乐，在快乐中学会管理。创新学习、坚持学习、快乐学习成为他教育管理的不竭动力。在改变学校的过程中，黄纪主要做了以下努力。

第一，添加教学设施设备。添置 10 多个多媒体教学平台，更新 30 多张教师办公桌，更换 300 多套课桌，大大改善了教学环境；增建电脑教室，增加体育器材，尽可能地满足现代教学的需要。现在，学校各个功能室齐全，教学设备良好，这些设备为学校教育教学工作的顺利开展提供了保障。

第二，提高教师专业水平。为提升教师的理论素养，拓宽教师的教学视野，黄纪积极倡导“走出去，请进来，互相学习，共同提高”的理念，努力为教师的专业成长搭建平台。

第三，狠抓教研教改工作。以新一轮教学改革为导向，以教育科研为切入口，黄纪带领教师团队大力推进素质教育，全力进行课程改革，全面提高学校的教学质量。如探索新一轮课改新的课堂教学模式；成立小课题研究小组，扎实开展教育研究活动，申报科研课题。

这些措施得以落实后，学校的教育教学工作有了很大的进步，但是黄纪并不满足，他又做了一个比较创新的举动。

有一次，黄纪在一所学校考察学习，正好是该校的“开放周”。该校教师带领着家长们参观学校，给大家讲学校的历史、办学的情况、孩子们的表现。黄纪想，“开放周”除了带领家长参观学校外，更应该让家长对学校的工作有所了解，这样，不仅能促进教师提高自身的教育教学能力，而且有利于家校合作，不断提高学校的办学水平。

黄纪研究了一些名校“开放周”的做法，最后结合本校的具体情况，做出了以下决定。

第一，在本校设立“开放周”，允许家长、同行等来校参观，为期两周。在这期间，学校要加强治安力度，保证校园的安全环境。

第二，给前来参观的家长发放意见表，这份表格内容包括家长对学校环境、师生表现等方面的意见。

第三，“开放周”期间，教师正常上课，家长可以视情况自由观摩并评分。评分采取匿名制，也可以直接向校长反映情况。

这样的举措，使教师的教学不再是“作秀”，而是真实地呈现在家长眼前，黄纪把形式上的“开放周”变成了真正意义上的“开放周”。在“开放周”的推动下，教师的教学积极性明显提高，学校的教学质量也得到提升，家校合作初步形成。

校园环境越来越好，教学质量不断提高，学校得到了越来越多的家长的青睐，生源质量也越来越高，廉江市第三小学在黄纪的带领下实现了华丽转身。在别人眼里，黄纪总是不断地在奔跑，很辛苦，但是对黄纪而言，这是一件很快乐的事情。一是因为他热爱学习，热爱这所学校；二是学习使他快乐，给他带来惊喜。在不断地学习中，黄纪获得了许许多多的管理灵感，使他所带领的廉江市第三小学向着更好的方向发展。

黄纪在工作中不断加强自身的学习，创新学习，坚持学习，快乐学习，以至于总是能够从中获取灵感，加以运用，加以创新，这也是他教育管理成功的一个重要原因。那么，他的学习力是从何而来的呢？提高学习力，我们需要做好哪些环节呢？下面我们一起来看看黄纪究竟运用了哪些策略。

策略一　学习创新，踏出“一大步”

我们首先来看这样一个例子。

一天，一位打扮华贵、气度不凡的绅士来到了纽约花旗银行的贷款部，他大模大样地走进大厅，并坐了下来，贷款部经理以最快的速度打量这位一身名牌穿戴的绅士后，马上热情地招呼起来。

“先生，请问您有什么需要帮忙的吗?”

“我想贷款。”

“好啊，请问您要贷多少呢?”

“1美元。”

“啊? 只需要1美元?”

“不错，只贷1美元，可以吗?”

“当然可以，像您这样的绅士，只要有担保，多贷一点也可以。”

“好吧，拿这些做担保可以吗?”说着，绅士就从豪华的皮包里取出一打打的股票、债券等，放在经理的办公桌上。“这些东西的总价值大概有50多万美元，够了吧?”

“当然，当然! 不过先生，您真的只要贷1美元吗?”

“是的。”

“好的，马上给您办手续，年息为6%。只要您支付6%的利息，一年后归还，我们就可以把这些股票还给您。”

“谢谢!”办完手续后，绅士就准备离开银行。

这时，一直在旁边的银行行长再也忍不住了，他怎么也想不通，为什么一个拥有50万美元的人，会来银行贷1美元? 他匆忙地追上前去，十分礼貌但略带窘迫地问道：“对不起，先生，能向您请教一个问题吗?”

“你想问什么呢?”

“我实在搞不明白，您拥有50万美元，为什么只贷1美元呢? 即使您想贷 40 万美元，我们也会很乐意为您服务的。”银行行长说。

“谢谢你的好意，看在你的诚意和热情的份儿上，我不妨把实情告诉你。”绅士微笑着说，“我是来纽约做生意的，但是随身携带这些股票、债券很碍事，就想找个地方存放起来。在来贵行之前，我问过好几家金库，他们保险箱的租金都很昂贵。所以嘛，我就准备在贵行寄存这些东西，这样算起来租金实在太便宜了，一年只需花 6 美分……”

从这则故事里我们可以发现，这位绅士创新思维，用了一种大家平时想不到的方法，争取到了最省钱的保管财物方式。其实有时候变换一种方式思考，可能就会产生意想不到的效果。在现实生活中，我们总会遭遇困难，如果我们能够变换思维，创新做法，另辟蹊径，或许就会“柳暗花明又一村”，事情会获得新的转机。

通常，出现问题之后，我们首先要分析原因，然后寻找解决问题的方法。如果我们只是一味地循规蹈矩，墨守成规，按着老套路走，问题即使得以解决，也是毫无新意，效率很低，甚至得不到别人的认同。工作是这样，学习更是如此。黄纪在他的学习之路上，向我们很好地展示了两个字：创新。

“创新”一词对于我们而言并不陌生，创新就是提出有别于常规或与别人不同的见解，并能获得一定效益的行为，通常以新思维、新发明和新描述为特征。比如，我们写一篇关于“老师和我”的作文，如果按照老套思路，许多人就会选择老师如何关心学生这一着眼点来写。而有一些聪明人则是从学生的角度出发，写学生如何关爱老师，这样一来，角度新颖，可读性自然更强一些，显然，也更容易赢得读者的青睐。由此可见，创新是取得成功的重要因素，无论是工作还是学习，都必须学会创新。说到创新，我们还可以来看下面这个寓言故事。

一天，狂风暴雨中，有一个穷人到富人家讨饭。

“滚开!”仆人说，“不要来打搅我们。”

穷人说：“只要让我进去，在你们的火炉上烤干衣服就行了。”仆人以为这不需要花费什么，就让他进去了。

这时，他请求厨娘道："能给我一个小锅吗？我好煮点石头汤喝。"

"石头汤？"厨娘说，"我想看看你怎样用石头做成汤。"于是她就答应了。穷人到路上拣了块石头，洗净后将其放在锅里煮。

"可是，你总得放点儿盐吧。"厨娘说。她给了他一些盐，后来又给了他一些豌豆、薄荷、香菜等。最后，又把能够收拾到的碎肉末都送给他，让他放在汤里。

当然，你也许能猜到，这个穷人后来把石头捞出来扔掉，而美美地喝了一锅肉汤。

如果这个穷人对仆人说："行行好！请给我一锅肉汤喝吧。"会得到什么结果呢？结果可想而知。这就是创新思维的力量！因此，伊索在故事结尾处总结道："坚持下去，方法正确，你就能成功。"

创新是如此重要，黄纪深深明白这个道理。所以，在他的教育管理中，总能看到他独出心裁的创意以及别具一格的方法。面对不断出现的问题，黄纪始终坚持通过创新来解决。学习创新是黄纪顺利踏进成功大门的第一步。下面我们就一起来看看黄纪究竟是如何学习创新，推开成功的第一扇大门的。

在廉江市第三小学，教育管理制度成为黄纪的一大头疼问题。由于历史遗留问题，学校的管理制度老化，跟不上时代发展的脚步，旧的教育管理制度已经无法支撑学校的发展。在这种情况下，黄纪决定用他所学到的知识，创新学校教育管理制度，使之更适合学校的发展。黄纪的学习创新，主要体现在以下几个方面。

第一，批判意识。这是学习创新的关键。当你面对一个旧事物时，如果你没有批判意识，你的学习将难以深入。黄纪就具有强烈的批判意识，对旧制度敢于提出质疑。同时，黄纪在时代的洪流中不随波逐流，而是批判性地接受新观念、新知识。这为黄纪提出各项新措施奠定了一定的基础。

第二，逆向思维。在大家眼里，黄纪是一个"总有新想法的人"。黄纪也常常说："我们能够想多远，学校才能走多远。"黄纪的脑袋里总是能够迸发出创新的火花，用他自己的话说，他就是喜欢不一样的做法，对以往的教育管理进行“搅局”。黄纪在学习的过程中从来不因循守旧，他喜欢从另一个角度进行思考，打破思维定式，提出一些新颖的想法。显然，在学习中用逆向思维思考问题，可以获得和别人不一样的想法。这些都为黄纪创新教育管理制度提供了良好的条件。

第三，另辟蹊径。对同一事物、同一问题，大家仁者见仁，智者见智，这既是常情，也是常理。但如果只是人云亦云、拾人牙慧，则只能惹人生厌。尤其是对一些司空见惯的问题，更不可一味“老生常谈”，重复他人说过无数遍的话，而应有一些自己独到的认识和不同的看法，即使是“一孔之见”“一得之见”，也都是可贵的，都能给人耳目一新之感。黄纪在学习中就特别喜欢借鉴，他喜欢把别人精彩的东西消化吸收后融入自己的教育管理中，形成自己的特色，这就是学习创新。当然，创新必须以符合实际情况为前提，如果单单是为了另辟蹊径而提出一些不符合实际的措施，反而会弄巧成拙。

学习箴言：对一些司空见惯的问题，更不可一味“老生常谈”，重复他人说过无数遍的话，而应有一些自己独到的认识和不同的看法，即使是“一孔之见”“一得之见”，也都是可贵的，都能给人耳目一新之感。

为了创新管理制度，黄纪反复研究一些名校的管理制度，取其精华，结合本校的实情，提出了一些符合校情的措施，使学校的管理制度日趋完善。

几年来，为了规范行政管理、提高管理效能，黄纪不断更新观念，不断创新和完善管理制度。为了实现这一目标，黄纪做了以下努力。

第一，创新教学“大循环”制度。为打破学校教师和行政人员扎堆担任高年级课程的困扰，激发全体教师的工作积极性，学校自2013年起采取教学“大循环”制度，即毕业班教师完成教学任务后，就到一年级担任课程，如此循环往复；学校行政人员分散到各个年级，并担任该年级课程。

第二，创新绩效工资制度。根据学校实际情况，黄纪决定从教师考勤、工作总量、教学过程、教学业绩和班主任工作等几方面不断完善学校的工资制度，力求体现公平公正原则、多劳多得原则，从而克服“做不做一个样，做多做少一个样”的现象，提高教师工作的积极性。

第三，创新年级组管理制度。为凝聚年级组的向心力，发扬团结协作精神，学校创新了年级组管理制度，主要包括健全年级组管理体制、建立年级组领导机构、制订年级组领导职责、规范年级组领导每日常规工作等。领导重心下移，决策和执行融合在一起，及时传达上级部门和学校的有关精神，及时安排部署学校工作，充分发挥年级组在管理中的作用，提高管理效率。

第四，创新值日制度。强化对学生上、下学时段的安全防范管理；检查、督促、纠正学生在上、下学时段的违规现象，促进良好校风、学风建设；督促开展“手指操”和“眼保健操”活动，确保“两操”按时、按质顺利开展。此外，由德育科室主导，组织教师到操场轮值，规范学生的行为，防止意外事件的发生。

以上管理制度，保证了学校的高效运转，使学校的办学成绩越来越显著，黄纪也因此受邀到很多地方进行经验交流。学校破茧成蝶，赢得了上级主管部门、学生家长、社会各界的一致好评。

正是由于黄纪善于进行创新性学习，对别人的东西进行批判性接受，所以他才能够提出一项项切实可行的管理措施，使学校的发展前景越来越好。

策略二　终身学习，常备“三盆水”

晚上10点，黄纪的妻子在厨房里忙碌着，说是要给快上初一的儿子准备一些有营养的夜宵吃，叫黄纪一起来帮忙，“打打下手”，黄纪却“无动于衷”，津津有味地读着一本教育管理方面的书。妻子见状，嘴里虽然不停地唠叨着，但是也只能放弃让黄纪帮忙，因为她知道，又到了黄纪每天两小时的读书时间，如果没有特别的事情，任何人都没有办法影响他的学习。这似乎已成了黄纪“雷打不动”的习惯。

黄纪的这个读书习惯是在师范学校时就开始养成的，每天，黄纪都会花一点时间看自己感兴趣、对自己有用的书。说到这里，我们说一件关于黄纪的事情。

黄纪在读师范学校的时候认识了几个朋友，他们的感情非常要好。一天，他们约好晚上一起出去玩，当时玩得都很尽兴、很开心，到了差不多十点的时候，一位同伴说：“很久没有玩得这么尽兴了，今晚我们就多玩会儿吧，怎么样?”其余几个伙伴说：“看黄纪呗，我们无所谓!”黄纪见状，真是左右为难啊！一方面，伙伴们玩得如此开心，他如果现在决定不玩了，会让伙伴们很扫兴；另一方面，自己每天的读书时间就快到了，不能再玩了，如果这次为了玩而坏了这个习惯，就容易导致以后的无数次放弃。黄纪不允许自己出现这样的情况，再三衡量之后，黄纪还是向大伙儿提出下一次再继续玩的建议。伙伴们平时都很钦佩黄纪的勤奋，自然也就跟随他一起回了学校。黄纪并没有因为玩而破坏自己的习惯，他守住了自己的心理防线。

黄纪的同伴说：“黄纪就是这样一个人，无论发生什么事，都坚持学习，这个习惯是雷打不动的。他的学习成绩很好，但是他从不懈怠，每天都看很多书，我们都很敬佩。在课堂上，老师常常会提出一些比较难的问题，我们回答不上来，而黄纪总是能对答如流。这是他平时勤奋读书、积极思考的结果。最重要的是，他能够学以致用，善于把学到的知识运用到具体工作中，这是很难得的。”

这就是同伴对黄纪的印象，他坚持学习的形象已经深入人心。黄纪无论何时何地，都会坚持学习并且能做到活学活用，这也是黄纪不断进步的秘诀。

终身学习是黄纪的信念，那么，是什么使他能够始终坚持这一信念呢？是什么让他拥有如此强的学习力呢？原因是黄纪身边常备“三盆水”。

黄纪的第一盆水用来“常洗头”，加强自我学习。

据媒体报道，人类知识的总量，每隔 7 至 10 年就要翻一番。英国科学家詹姆斯·马丁也曾推测，人类科学知识在 19 世纪每 50 年增长一倍，20 世纪中叶每 10 年增长一倍，而目前已发展到了每 3 年便翻一番的程度。因此，一个人要想不做时代的弃儿，不被时代淘汰，一是要保持“学而时习之，不亦说乎”的学习心态，增强自我充电、更新知识的紧迫感。二是要增强学习的主动性。随着科学技术日新月异的发展，新科技、新知识的大量涌现，唯有主动学习、不断学习、勤奋学习、善于学习、自觉学习，才能胜任自己的职务。三是要增强学习的自觉性，适应建设创新型社会、学习型社会的新要求。

1972 年联合国教科文组织曾经出版过一本名为《学会生存：教育世界的今天和明天》的书，书中说，“我们再也不能刻苦地一劳永逸地获取知识了，而需要终身学习如何去建立一个不断演进的知识体系——‘学会生存’”。这启示我们，社会能否发展，关键在人，而人能否发展，关键在学习。增强学习的自觉性，树立终身学习的理念，不断地获取新知识，是创新型社会、学习型社会所需要的学习精神。

所谓“常洗头”，就是要让自己的脑袋保持清醒，保持较高的精神境界。要知道，只有坚持学习，坚持用新知识武装自己，才能提高自己的思想境界，才能走得更远。如果不加强自我学习，就会失去竞争力，从而在激烈的社会竞争中被淘汰。

有一家公司准备高薪聘请一名司机，经过层层筛选和考试之后，只剩下三名技术最优良的竞争者。主考官问他们：“悬崖边有块金子，让你开着车去拿，你觉得能距离悬崖多近拿到金子而又不至于掉落呢？”

“两米。”第一个人说。

“半米。”第二个人很有把握地说。

“我会尽量远离悬崖，愈远愈好。”第三个人说。

结果，第三个人被录取了。

很显然，第三位应聘者能够很坚定地抵制诱惑，因为他知道悬崖是很危险的，即便有一块金子，也不值得他去冒险，安全第一。学习也是如此。无论面对什么诱惑，我们都不应该放弃学习，加强自我学习永远是获得胜利的“王道”。

对于这一问题，黄纪是怎么样做的呢？无论是过去还是现在，无论是诱惑还是鼓动，无论是顺境还是逆境，黄纪都是始终如一，不断地加强自我学习，解决一个又一个难题。黄纪说：“想要当好一名校长，只凭热情是不够的，还必须要有丰富的知识支撑，而这需要不断地读书学习。”在他这里，“清醒”这盆水总是满满的，他常常为自己“洗头”，保持清醒。

黄纪的第二盆水用来“常洗手”，守住心灵防线。

我们首先来看这样一则寓言故事。

青藏高原上耸立着一座云雾缭绕的山峰，上面长着一株千年老树。每天，总有两个仙人飘然而至，坐在浓荫下聚精会神地下棋。

仙人的举动，吸引了深山密林里的一只老猴子，它怀着浓厚的兴趣，悄悄溜到树上，从繁茂的叶子中间窥视仙人们精湛的棋艺。日子长了，聪明机灵的猴子逐渐学会了下棋的窍门，掌握了投子布局的奥妙。

后来，仙人们的行踪被山民知道，许多人怀着好奇心，奔上山来观看。可是仙人避尘绝俗，不等人们赶到就隐去了。

这时，躲在树上偷艺的猴子技痒难耐，忍不住从树上跳下，招呼人们同它对弈。猴子的棋术极为高超，神秘莫测，世所未见，在场的人都不是它的对手。消息传开后，许多棋手都不畏山高路险，纷纷赶来同猴子比艺。结果，无一取胜。

地方长官认为这事很稀奇，就把猴子当作珍奇的贡品，送往京城，献给皇帝。皇帝命令朝廷的文官武将都来同猴子较量对弈。不料，无人能与之匹敌。

皇帝十分震惊，下诏征求国内著名棋手。诏书发出后，许多棋坛名将从四方云集京城。他们轮番与猴子竞技，仍然全部失败。

这怎么办呢？正在皇帝觉得束手无策时，有人提醒说：有位大臣擅长下棋，而且智慧非凡，何不找他一试。那时，这位大臣受事牵连，正坐狱吃苦。皇帝特赦他出狱，命其与猴子决一胜负。

大臣受命后，请求皇帝赐给他一个果盘和十几个鲜桃，皇帝同意了。于是，一场决定双方命运的比赛开始了。

大臣把摆满桃子的果盘放在自己面前，然后心平气和地下起棋来。那只猴子目视鲜桃，抓耳挠腮，馋得直咽口水。结果，连比三局，手操神异棋术的猴子都败给了大臣。

这则寓言耐人寻味。在现实生活中，像这只被自己打败的猴子的人数不胜数，这类人虽然很有能力，但是因为经不住眼前的“桃子”的诱惑而失去了自我，没有坚守住心灵的防线，使自己本该大好的前程止步了。

学习箴言：在现实生活中，像这只被自己打败的猴子的人数不胜数，这类人虽然很有能力，但是因为经不住眼前的“桃子”的诱惑而失去了自我，没有坚守住心灵的防线，使自己本该大好的前程止步了。

作为一名校长，只有“常洗手”，才能守住心灵的那一道防线，才能抵制形形色色的诱惑，继续学习，开启事业成功的大门。

许多人认为，黄纪好不容易当上市区小学的校长，应该好好休息一下，不用再整天奔波劳碌。但是，黄纪从来没有过这样的想法，学习是他最喜欢的事情，即便面对许多诱惑，他也能够守住心灵防线，坚持做一个“学习型”校长。很多人不理解黄纪，但是黄纪明白，在如今的“学习型”社会和“学习型”组织中，学习是至关重要的，学习是一种精神追求，是一种执着信念，也是一种生活习惯。可以这么说，黄纪正是因为始终能够守住心灵的这道防线，坚持学习，才会有今天的成绩斐然。

黄纪的第三盆水用来“常洗脚”，做到理论结合实践。

学习，不单单是学，更要能把所学到的知识运用到实践中去。否则就是“死学”，这不是学的初衷，也不是学的目的。

唐代诗人白居易是一个虔诚的佛教徒。他在杭州做太守的时候，有一次到秦望山去向鸟窠禅师请教佛法。他问鸟窠禅师："佛法的大意是什么?"鸟窠禅师不假思索地答："诸恶莫做，众善奉行!"白居易本以为会听到什么高明精辟的长篇大论，谁知却听到了这么简单的几句，感到很失望。因此，他不满地说："这两句话，三岁的小孩子也懂得呀!"禅师却很郑重地告诉他："尽管三岁小孩也懂得，但是八十岁的老翁都不一定能做到。不要轻视这两句平凡的话，能够好好地在日常生活中把它付诸实践，才是真正地懂得了佛法!"此时，白居易才深刻地体味到禅师一席话的高远。

学习，必须要学以致用，这样你的学习才是有意义的，才能证明你是真正掌握了。所以，一定要常备一盆水"洗脚"，把学习到的知识运用到实践中去，让知识生长知识，让智慧创生智慧。

说到"常洗脚"，理论结合实践，黄纪身上有着许许多多的例子。比如，我们在前面章节所提到的，无论是学校的环境建设，还是学校的管理制度，无论是教育改革，还是日常管理，都是黄纪不断学习并加以创新的结果。一次次的成功，增强了黄纪学习的热情和信心；也正因为有学习的热情和信心，才使黄纪获得了一次次成功。

总而言之，这"三盆水"坚定了黄纪终身学习的信念，使他的学习能力不断提高，帮助他解决了一个又一个难题。

黄纪在不断的学习中不断获得灵感，为他所管理的学校的发展添上了一对"翅膀"，在他的带领下，学校的发展欣欣向荣。在这个时候，黄纪开始了攀登另一座"山"。

策略三　快乐学习，登上"一座山"

温和、亲切的黄纪，脸上总是带着微笑，这位创造幸福、传递幸福、延伸幸福的校长，带领着廉江市第三小学迈进了一个全新的发展时期。

黄纪非常喜欢学习，是发自内心的喜欢。黄纪每一次外出学习，都是带着愉悦的心情出发的，对学习旅程满怀期待。黄纪每次学习归来，都把学到的知识运用于工作中，使学校的管理越来越好。下面我们来看看黄纪究竟是如何快乐学习的。

一直以来，黄纪都把学习当作一种生活方式，不断地学习，使他的生活更有滋味、更加快乐。他快乐的学习心态，体现在他工作的方方面面。

一次，教育局安排各学校校长考察学习，一路上，校长们议论纷纷，有的说这些学习由副校长参加就可以了，大可不必要求他们出来学习；有的说平时的工作已经累得够呛了，还要舟车劳顿地外出学习，实在不该；有的说考察就是旅游，可以趁机好好玩玩。听到这些，黄纪非常不理解，他觉得，外出考察学习是让自己变得更加充实，提高自身能力的好机会。所以，每次外出学习，他都很快乐、很认真地对待。每次考察学习过程中，他都认真记录，虚心请教，并从中发现值得他学习、借鉴的东西，然后运用到他的管理工作中。比如，“手指操”这个大课间活动，就是他考察学习的结果，获得了教师、家长还有上级的赞许。

快乐学习使黄纪寻找到了一个又一个教育管理灵感，使学校不断获得发展；快乐学习，使黄纪离成功的目标越来越近；快乐学习，使黄纪距离他人生事业的高峰又近了一步。那么，黄纪快乐学习，攀登人生事业高峰的秘诀是什么呢?

秘诀一，保持良好的学习心态。对于黄纪而言，学习就像饿了想吃饭、困了想睡觉一样，是一件很轻松、很自然的事。他一天不学习就会感觉浑身不舒服，所以，保持良好的学习心态是很重要的。快乐学习的前提是必须要有良好的学习心态，不要把学习当作一项任务来完成，而要把学习当作一件快乐的事去做。

秘诀二，掌握提高学习效率的方法。如果你一直努力学习，但是由于没有掌握提高学习效率的方法而收不到效果，那么，你的心情肯定很苦闷。反过来，如果你努力学习，掌握了提高学习效率的方法，你就会学得很轻松，也能取得很好的学习效果，这样，你自然就会感到学习是快乐的。与此同时，你掌握的知识也会比别人多，你也会比别人走得更快，更容易登上事业的山峰。

秘诀三，相信自己能够通过学习做好每一件事情。有了这样的信念，那么你的学习也将会是快乐的，因为在你的信念里，无论遇到什么困难，你都能够通过学习获得解决难题的方法，这样，你的学习就有动力，精神也会振奋，从而获得学习的快乐。

此外，黄纪还致力于营造快乐学习的氛围。他认为，快乐是生活的源泉，快乐学习即快乐生活。因此，黄纪在这方面也做了一些努力。

第一，按照标准对教室进行装修，为学生营造浓厚的学习氛围，鼓励学生自主学习。

第二，建立爱眼工作室，保护好学生的视力。有了好视力，才有快乐学习可言。

第三，组建兴趣读书小组，学生按照自己的兴趣参加读书小组。

第四，举办“读书节”，对好读书、读好书的学生进行表彰奖励。

学习箴言：快乐是生活的源泉，快乐学习即快乐生活。

先进的教学设施、优美的校园环境、浓郁的文化氛围，黄纪带领他的团队为学生打造了一个快乐的学习环境，使学生更加具有学习力，更加具有竞争力。黄纪不仅一个人快乐学习，还带领教师、学生快乐学习。在不断地努力学习中，他们勇往直前，攀登着一座座快乐的学习之“山”。

人生就像一座高山，有低谷，有高峰；有荆棘，有鲜花；有风雨，有阳光。但无论如何，只要努力攀登，终有一天会登上高峰。人的一生，有痛苦，有快乐；有困惑，有明白；有失去，有收获。但无论如何，只要不断学习，终有一天会到达成功的彼岸。黄纪所拥有的学习力，为他开启了一扇成功的大门。

江苏凤凰教育出版社
《行知工程》系列丛书目录

系列	序号	书名	主编	定价
校长领导力系列	1	《学校团队成长的学习力》	黄纪 蔡美静 王林发	30.00
	2	《学校和谐融洽的协作力》	陈一平 郭雪莹 王林发	30.00
	3	《校长智慧统筹的领导力》	谢耀丰 蔡丽姗 王林发	30.00
	4	《学校细节管理的执行力》	林文明 王林发	30.00
	5	《学校持续发展的研究力》	林文智 宋佳敏 王林发	30.00
	6	《学校教育提升的引领力》	谢文东 关敏华 王林发	30.00
	7	《学校高效管理的创新力》	张旭	30.00
	8	《学校成功管理的决策力》	邱黎明	30.00
	9	《高品质学校生长要素》	王益民	30.00
	10	《校长高校教学领导力提升策略》	徐世贵 郭文智	30.00
创新教学探索系列	11	《做童年面前最合适的人——我和孩子们的“童化语文”》	曹丽秋	30.00
	12	《品世界名画，学精彩作文 ——特级教师的“名画”作文教学法》	李日芳	36.00
	13	《玩出精彩作文——张化万活动作文教学经典策略》	张化万	35.00
	14	《〈红楼梦〉里的语文课》	李日芳	30.00
	15	《让学生把母语用精彩——“语用课堂”的探索与实践》	余小红	30.00
	16	《“备”出课堂精彩——备学式教学的课堂实践与思考》	张旭兰	30.00
	17	《神奇的阅读教室——带学生踏上美妙的阅读之旅》	李祖文	30.00
	18	《打造有生命力的课堂 ——“两步八环节”教学模式探索与实践》	查联智	30.00
	19	《最能培养学生探究能力的课堂 ——小学科学与信息技术单元整体课程实施与评价》	李怀源	30.00
	20	《最能激发学生运动天赋的课堂 ——小学体育单元整体课程实施与评价》	李怀源	30.00
	21	《最能提升学生艺术素养的课堂 ——小学艺术单元整体课程实施与评价》	李怀源	30.00
	22	《“生命语文”探索——焕发语文生命力的思考与实践》	王自成	30.00

系列	序号	书　　　名	主编	定价
创新教学探索系列	23	《粘连作文教学：让习作成为有个性的自我建构》	黄瑞夷	30.00
	24	《备学式教学——在体验中建构数学思维》	单广红　范雪梅	30.00
	25	《向着自主进发——自主教育的创新实施智慧》	朱亚红	30.00
	26	《写中学——让学习更有效的学科写作教学》	钟传祎	30.00
	27	《小学科学实验总动员——大科学课堂有效提升学生创新力》	江美华	30.00
	28	《小学语文单元整体课程实施与评价》	李怀源	30.00
	29	《小学英语单元整体课程实施与评价》	李怀源	30.00
	30	《小学数学单元整体课程实施与评价》	李怀源	30.00
	31	《让教学更能激发智慧——“思维碰撞”课堂的建构与实施》	程和方	30.00
新思维系列	32	《让后进生学习有后劲之36计》	严育洪	30.00
	33	《教育中的“不一定”——打破教育的19种思维惯式》	严育洪	30.00
教师修炼系列	34	《与学生一起成长——90后教师的心路反思》	王　晗	30.00
	35	《教育，爱与宽容——教师心灵礼仪修炼》	许力争	30.00
教育家核心思想系列	36	《叶圣陶论写作》	叶圣陶 著 李怀源 选编	30.00
	37	《叶圣陶谈阅读》	叶圣陶 著 李怀源 选编	30.00
	38	《多元智能理论的本土化应用》	刘治富	30.00
	39	《大教育家最具施教力的教学思想》	白刚勋	30.00
教育求索系列	40	《欣说教育那“一亩三分地” ——一位一线教师的教育微思考》	王庆欣	30.00
	41	《爱的守望——一位一线教师对教育的坚守》	林卫红	30.00
	42	《思政教学的人文力量》	戴晓华	30.00
	43	《师道新说——给教育者的30条箴言》	徐　卫	30.00
学生心理解码系列	44	《在人生的春天播种——十四岁，写给青春的一封信》	白宏宽	30.00
	45	《孩子问题行为一点通 ——只有好老师才知道的学生心理谜底》	严育洪	30.00
校本研修系列	46	《徜徉语文教研》	肖俊宇	35.00
	47	《校本研修资源的开发与利用》	陈朝林	30.00
	48	《校本研修与教师专业成长》	吴积军	30.00
	49	《卓越教师经典研修成长策略》	刘天宝等	30.00
	50	《特色校本课程开发范例解读》	刘永平　李秀伟 张雪梅	30.00
	51	《高效校本研修模型构建艺术》	刘素雁	30.00
	52	《走向实践的教研——中小学教育科研引领与应用》	江　敏	30.00

系列	序号	书名	主编	定价
名校系列	53	《让每个孩子都成志——清华附小主题阅读课程的实施探索》	窦桂梅	30.00
	54	《让每个孩子都成志——清华附小主题实践课程的实施探索》	窦桂梅	35.00
	55	《向着朝阳走去——清华附小合作办学实践探索》	窦桂梅	30.00
精彩课堂系列	56	《给孩子更好的数学课堂》	易增加	30.00
	57	《小学生阅读素养的提升策略》	邵巧治	35.00
	58	《从语文素养走向生命成长——小学语文读写课堂教学密码》	曾海玲	30.00
	59	《真实的品德课》	朱淑秀	30.00
	60	《英语课堂学习共同体——新型的师生交互学习场》	杨延从	30.00
	61	《指导自主学习——初中数学学与教的研究与实践》	刘其武	30.00
	62	《玩出精彩的课堂——小学低年级教与学方式转变研究》	陶红松	30.00
	63	《让生命之花自主绽放——语文个性化教学建构策略》	商德远	30.00
	64	《让学生亲历知识——主体参与下体验式学习的实施策略》	何世祥	30.00
教育思想者系列	65	《高效教学的道与术——陶继新教育讲演录》	陶继新	30.00
	66	《名校之道——陶继新对话名校长（1）》	陶继新	30.00
	67	《教育，一切从孩子出发》	黄　俭	30.00
教育管理力系列	68	《缔造唯美教育——延奎小学素质教育实施策略》	易增加	30.00
	69	《让普通学校崛起的20个细节——“生命为本”教育团队成长密码》	李其玉	30.00
	70	《“走”出教育的精彩：走动式学校管理文化构建》	罗　军	30.00
	71	《校长兵法：学校管理四十六计》	皮大鹏	30.00
班级文化系列	72	《活力班级的文化建设》	胡　珏	30.00
	73	《做幸福的班主任》	吕　丽	26.00
高效能教学系列	74	《高效能教师的10个好习惯（中学卷）》	张　瑾	30.00
	75	《让作文落地生根——提高写作实效的教学策略》	黄桂林	30.00
	76	《高效能作文教学5项修炼》	陈步华	30.00
	77	《高效能校长的10个好习惯》	张　勤	30.00
	78	《高效能教师的10个好习惯（小学卷）》	谢　英	30.00
	79	《高效能语文教学5项修炼》	王其华	30.00
新课程探索系列	80	《语文新课程的批判与重建》	葛桂斌	30.00

系列	序号	书名	主编	定价
美国名师教学译丛	81	《美国名师游戏教学本土化应用：幼儿园》	（美）玛西娅 L. 泰特 著 胡珍 瞿菁 编译	30.00
	82	《美国名师游戏教学本土化应用：小学英语》	（美）玛西娅 L. 泰特 著 杨永华 张心影 编译	30.00
	83	《美国名师游戏教学本土化应用：小学数学》	（美）玛西娅 L. 泰特 著 谢艳红 编译	30.00
	84	《美国名师游戏教学本土化应用：小学科学》	（美）玛西娅 L. 泰特 著 刘丽萍 编译	30.00
	85	《美国名师游戏教学本土化应用：小学社会》	（美）玛西娅 L. 泰特 著 姜梅芳 编译	30.00
	86	《美国名师游戏教学本土化应用：小学音体美》	（美）玛西娅 L. 泰特 著 尹立志 编译	30.00
鲁派名师名校·教育探索者系列	87	《悦读立人——校园阅读文化体系构建策略》	杨世臣	30.00
	88	《教育智慧何处来——一位特级教师的思考手记》	付立金	30.00
	89	《和雅文化——校本课程的创新构建》	汤善香	30.00
	90	《让个性绽放精彩——学校课程体系整合与创生》	谢建伟 徐淑萍	30.00
	91	《让每个学生都幸福——最能润泽生命的学校文化建设》	谢建伟 张新喜	30.00
生态化校园系列	92	《文化管理——构建生态和谐校园的必由之路》	付全新	30.00
	93	《点燃学习的激情——构建校园生态化学习型组织》	杨树岳	30.00
	94	《课改突围——构建学校生态化教学体系》	杨树岳	30.00
教育新思考系列	95	《语文教育向何处去》	王丛	26.00
	96	《教育，就是做好普通的事》	孙志毅	27.00
	97	《走出语文的偏见——让学生体悟文本的原义》	丛智芳	30.00
	98	《让语文教学更高效——批注式阅读教学探索》	韩中凌	30.00
	99	《读写互促——探寻学以致用的语文教学》	曹龙	30.00
	100	《跳出数学教数学——用文化融通数学教学》	马建秀	27.00
名师感悟系列	101	《让心灵伴着歌声成长——22 位音乐名师的教育智慧》	陈璞	30.00
	102	《超越自我的教师——32 位名师的成长感悟》	李卫东 李秀伟	35.00
	103	《心灵的守护者——19 位名班主任的教育智慧》	王晓松 曲文弘	30.00
	104	《名师感悟班主任有效工作艺术 90 例》	符礼科	30.00
	105	《名师感悟有效教学 90 例》	林高明 徐玉烟	30.00
信息化教学系列	106	《巧用白板教语文——信息技术与语文教学操作指南》	蒋丽清	30.00
	107	《跨越式实现高效课堂 ——信息技术与课程整合高效教学方案评析》	陈玲 刘禹	30.00

系列	序号	书　　名	主编	定价
教师必读系列	108	《教师必学的16堂修养课》	武宏伟	30.00
	109	《教师不可不知的教学心理效应》	叶勇军	30.00
	110	《班主任不可不知的管理效应》	奚一琴	30.00
	111	《教师不可不知的教育心理效应》	孙　媛	30.00
	112	《校长不可不知的管理效应》	谢申刚　张金豹	30.00
	113	《成为好教师的7项修炼》	王福强　李维华	30.00
	114	《如何让学生会学习》	龙　冰	30.00
	115	《如何让学生爱学习》	周震宇　许小燕	30.00
核心教学主张系列	116	《新生代语文名师核心教学主张》	许友兰	30.00
行思讲坛系列	117	《灵动而朴素地教语文——潘文彬的微格教育生活》	潘文彬	30.00
	118	《师爱无疆——润泽学生心灵的教育故事》	侯忠彦	30.00
	119	《怎样反思更有效 ——促进教师专业发展的反思策略》	诸贝贝	30.00
	120	《成为高度自觉的教育者——写给后课标时代的数学教师》	许卫兵	30.00
	121	《哲思数学课》	刘全祥	30.00
	122	《智慧数学课——黄爱华教学思维的实践策略》	黄爱华	30.00
	123	《童趣数学课》	徐　芳	30.00
	124	《把学生教聪明》	严育洪	30.00
	125	《教师最应该规避的教育误区》	杨坤道	30.00
	126	《用语文的方式教语文——潘文彬教学主张与实践智慧》	潘文彬	30.00
	127	《怎样让阅读教学更有效 ——提升教学能力的十种读诵模式》	汪秀梅	28.00
	128	《让生命在润泽中起舞 ——当代小学生最需要的主题班会》	吴联星　罗　琳 冯卫东	30.00
	129	《让生命欢快拔节 ——当代中学生最需要的主题班会》	冯卫东　吴联星	30.00
	130	《课堂因生成而精彩——高效教学的生成智慧》	张文质	30.00
	131	《回到每一个人的生命化教育 ——张文质二甲中学教育行动录》	张文质	30.00

系列	序号	书　　名	主编	定价
中国教育变革之路丛书	132	《百年树人师何为——教师队伍建设困顿与出路》	将丽珠　李玉向	30.00
	133	《入园何时不再难——学前教育困惑与抉择》	曾晓东 范　昕　周　慧	30.00
	134	《三尺书桌何处寻——流动人口子女教育困难与破解》	范先佐	30.00
	135	《苦旅何以得纾解——高考改革困境与突破》	郑若玲	30.00
	136	《择校纠结何时了——择校问题困局与治理》	曾晓东　周文海 曾娅琴	30.00
创新教学思想系列	137	《“大问题”教学的形与神》	黄爱华　张文质	30.00
教育漫笔系列	138	《课堂，诗意地栖居》	吴书华	30.00
教学提升系列	139	《有思想地教阅读——让学生学会品读文字真意》	王学东	30.00
教育艺术提升系列	140	《藏在师生体态语言里的教学智慧》	张　宇　廖生波	30.00
教学全手册系列	141	《小学习作教学全手册》	郭家海	30.00
	142	《中学写作教学全手册》	郭家海	30.00
	143	《情境教学操作全手册》	冯卫东	35.00
	144	《合作教学操作全手册》	李春华	35.00
	145	《探究教学操作全手册》	周新桂	35.00
	146	《自主教学操作全手册》	诸葛彪	35.00
	147	《创新教学操作全手册》	王　玮	35.00
	148	《班主任工作全手册》	刘沛华	35.00
	149	《新教师工作全手册》	周震宇	35.00
	150	《学生心理健康教育全手册》	刘海莉　刘春杰	35.00
	151	《高效教学操作全手册》	马友平	35.00

系列	序号	书　　名	主编	定价
创新人才培养系列	152	《创新人才培养校园科普精品课程开发与指导 ——人大附中创新人才培养》	罗　滨	30.00
	153	《创新人才培养特色校本课程开发与创新人才培养 ——清华附中"国际安全下的科学技术"课程构建与实施》	王殿军　方　研 赵宏雁	30.00
	154	《创新人才培养：学校实验室建设与管理》	刘克文 杨发丽　杨　平	30.00
	155	《创新人才培养：数学探究活动开发与指导》	马云朋　韩继伟	30.00
	156	《创新人才培养：化学研究活动开发与指导》	王　磊	30.00
	157	《创新人才培养：物理探究活动开发与指导》	廖伯琴	30.00
	158	《创新人才培养：地理探究活动开发与指导》	张建珍　陈　澄	30.00
	159	《创新人才培养：生物探究活动开发与指导》	张迎春	30.00
	160	《创新人才培养：理念探索与思维突破》	王晶莹	30.00
新生代通派名师系列	161	《简约数学教学》	许卫兵	30.00
	162	《语文教学的本真——情意课堂展现母语之美》	吴建英	30.00
	163	《语文课堂的理想追求——欢快达成三维目标》	董一红	30.00
	164	《阅读教学的真髓——意象构建读出文学的真美》	祝　禧	30.00
	165	《美术教育的真谛——审美人生教育让生命绚丽成长》	陈铁梅	30.00
	166	《语文教学的理想境界——无痕教学润泽生命》	李　凤	30.00
	167	《儿童作文的本义——嬉乐作文让儿童乐并成长着》	王笑梅	30.00
	168	《名师是怎样炼成的》	王建明　王笑君	35.00
幼师成长系列	169	《幼儿行为背后——教师如何读懂幼儿的心思》	吴亚英	30.00
	170	《最具教育力的22种幼儿教育思想》	杨　达	30.00
	171	《幼儿教师必知的安全应急措施》	杨　达	30.00
	172	《幼儿教师必备的教育技能》	李　玲	30.00
	173	《卓越园长21条幼儿园管理策略》	周　丹　江东秋	30.00